KB271501

정용혜's IDIOMS STEP 90

정용혜's
IDIOMS STEP 90

초판 1쇄	2014년 11월 12일
지은이	정용혜
발행인	김재홍
디자인	이호영, 박상아, 고은비
교정 · 교열	안리라
마케팅	이연실
발행처	도서출판 지식공감
등록번호	제396-2012-000018호
주소	경기도 고양시 일산동구 견달산로 225번길 112
전화	02-3141-2700
팩스	02-322-3089
홈페이지	www.bookdaum.com
가격	13,000원
ISBN	979-11-5622-052-7 13740
CIP제어번호	CIP2014030662

이 도서의 국립중앙도서관 출판시 도서목록(CIP)은 e-CIP 홈페이지(http://www.nl.go.kr/ecip)에서 이용하실 수 있습니다.

정용혜's IDIOMS STEP 90

지식공감

Prologue

다른 나라의 말을 배운다는 것은, 사실 그 나라에 가서 직접 살아보지 않고는 몸으로 체득하는 데 오랜 시간이 걸립니다. 일상생활 곳곳에 자리 잡고 있는 '문화'를 단지 '공부'만 한다고 해서 알 수 있다는 것은 어불성설일지도 모르겠습니다.

American Soap opera, Big Bang을 본다고 가정해 보죠.

시트콤인지라 배우들이 연기할 때 웃긴 장면이 나오면 방청석도 따라 웃습니다.

저는 왜 웃는지 이해를 못했는데 말이지요.

이디엄도 마찬가지 맥락입니다. 말 그대로 이해하다가는 남들 다 웃을 때, 그냥 따라 웃어야만 하는 바보 아닌 바보가 될 수밖에 없습니다.

이디엄은 사실 따로 시간을 내서 공부하지 않으면 알 수 없는 경우가 많습니다.

설령 단어의 뜻을 모두 안다 하더라도 문장 안에서 전혀 다른 의미로 사용되기 때문입니다.

예를 들어 "It's a piece of cake."라는 문장은 문자 그대로 해석했을 때 "그것은 케익 한 조각입니다."라고 해석되는데, 사실 아주 쉬운 일을 일컬을 때 사용하는 이디엄입니다. 이 이디엄을 처음 접하는 사람이

"이것은 식은 죽 먹기야."라고 이해하기란 거의 불가능할 것입니다.

이 책은 이디엄을 좀 더 쉽게, 친근하게 접근하게끔 하자는 의도로 기획되었습니다.

제가 이디엄을 공부하면서 느꼈던 점 중에 하나는 어떤 이미지를 떠올려 상상을 하게 되면 더 잘 기억되는 경우가 많았다는 것입니다. 그래서 이미지와 함께 이디엄의 영어, 한글 설명을 동시에 사용해 이해하기 쉽게 구성했으며, 이디엄들이 어디서 유래했는지에 대해서도 주석을 달아 놓았습니다.

영어공부를 하는 데 있어서 왕도는 없지만 좀 더 효율적으로 갈 수 있는 길은 있다고 생각합니다. 저도 아이 둘을 키우는 엄마이다 보니 시중에 나와 있는 많은 영어 서적들을 보면서 항상 좀 더 쉽게, 좀 더 재미있게 영어를 공부하는 방법은 없을까 항상 고민해 왔습니다. 그런 고민의 흔적들이 이번에 좋은 결실을 맺었습니다. 이 책으로 재미있게 공부하시고 더불어 이디엄 실력도 높이시기 바랍니다.

정용혜

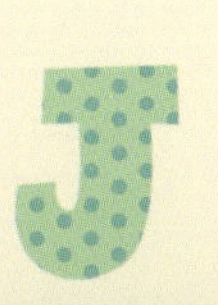

Contents

STEP 1

a blessing in disguise
뜻밖의 좋은 결과, 이득

a blessing in disguise
= something good that isn't
  recognized at first

문제인 줄 알았던 것이 가져다 준 뜻밖의 좋은 결과, 이득

a chip on your shoulder
= being upset for something
  that happened in the past

쉽게 화를 내다, 예민한 반응을 보이다

19세기 미국에서 유래된 표현으로, 이 당시 싸움을 하고 싶은 사람들은 자신들의 어깨에 나무 부스러기를 올려놓고 다녔는데, 그래서 누구든 그 나무 부스러기를 떨어뜨리는 사람에게 시비를 걸며 싸웠다고 합니다.

a day late a dollar short
= it is too little, too late

한발 늦은, 소용없는

1. An evil may sometimes turn out to be a blessing in disguise.

해석 악도 때로는 뜻밖의 좋은 결과일 수 있다.

2. Getting fired was a blessing in disguise.

해석 해고된 것이 차라리 잘됐다.

3. I agree with some other comments though, I think this result might be a blessing in disguise for us.

해석 나는 다른 논평에 동의하고, 차라리 이러한 결과가 우리에게는 잘된 것 같다.

4. He answered the questions with a chip on his shoulders.

해석 그는 예민한 반응을 보이며 질문에 대답했다.

5. Having a chip on your shoulder about your background can't help either.

해석 너의 배경에 대해 예민한 반응을 보이는 것이 도움되지 않기는 마찬가지이다.

6. Ever since then, I think I've had a chip on my shoulder.

해석 그때부터 예민하게 반응했던 것 같다.

7. Once again, we're a day late, a dollar short.

해석 다시 한 번 말하지만, 우리는 한발 늦었어.

STEP 2

all hat, no cattle
말도 안 되는 소리, 허풍

all hat, no cattle
= when someone talk big but cannot
  back it up

말도 안 되는 소리, 허풍

all over the map
= it doesn't stick to the main point
  and goes off on tangents

두서가 없는

- -

우리말, '삼천포로 빠지다'와 유사한 표현입니다.

a dime a dozen
= anything that is common and easy
  to get

흔해 빠진

- -

dime 은 10cent 짜리 동전, dozen은 12개 한 묶음을 말합
니다.

1. If he were a cowboy, I'd say he was all hat and no cattle.

해석 내가 카우보이였다면 그가 허풍 떠는 거라고 말했을 거야.

2. He said that they called them "ranchers with big hats but no cattle"

해석 그가 말하길, 그는 그들을 "허풍 떠는 목장 주인"이라고 불렀어.

3. Sorry if this is all over the map.

해석 이게 논점을 벗어난 거라면 미안해.

4. He was all over the map in a lot of his economic proposals.

해석 그의 많은 경제적인 제안들은 논점을 벗어난 것이다.

5. Millionaires are now a dime a dozen.

해석 백만장자들은 지금 흔하고 흔하다.

6. If you work here long enough, unusual encounters are a dime a dozen.

해석 당신이 여기서 충분이 오랫동안 일하면 흔치 않은 만남이 자주 있을 거야.

STEP 3

a doubting thomas
의심 많은 사람

a doubting thomas
= distrustful person, a skeptic
  who needs physical or personal
  evidence in order to believe
  something.

의심 많은 사람

성 베드로가 예수 그리스도가 부활했다는 사실을 처음에는 믿지 않다가 부활한 예수를 직접 만나 상처를 확인한 후에 믿었다는데서 유래했다고 합니다.

a drop in the bucket
= a very small part of something big
  or whole

아주 적은양

우리말 '빙산의 일각', 술이나 밥 먹을 때에 쓰는 '간에 기별도 안 간다'는 말과 흡사합니다.

1. Mary won't believe that I have a dog until she sees him. she's such a doubting thomas.

    해석 매리는 개를 볼 때까지도 내가 개를 가지고 있다는 것을 믿지 않았다. 그녀는 정말이지 의심이 많은 사람이다.

2. This school is full of doubting thomases. they want to see bob's new bike with their own eyes.

    해석 이 학교는 의심 많은 사람들로 가득 차 있다. 그들은 밥의 새 자전거를 그들 자신의 눈으로 보기를 원한다.

3. A tooth in the sand is a drop in the bucket.

    해석 모래 속의 치아는 구우일모이다.

4. If they are a drop in the bucket then it hasn't achieved much.

    해석 그것들이 빙산의 일각이라면 많은 것을 성취하지는 못할 거야.

5. But government spending is a drop in the bucket compared to what is needed.

    해석 그러나, 정부의 지출은 무엇이 필요한지를 비교해볼 때, 빙산의 일각에 불과하다.

STEP 4

a big mouth
말이 헤픈 사람

a big mouth
= to not be able to keep a secret

말이 헤픈 사람

우리말 '입 싸다' 라는 표현과 딱 맞아떨어지는 말입니다.

a big shot
= an important person

거물 인사, 중요한 사람

shot 대신 noise나 name을 쓰기도 합니다.

a big fish in the little sea
= a person who is famous but only
  in an unimportant place

우물 안 개구리

작은 연못에서는 크게 보이지만 막상 큰 바다로 나가면 별 것 아닌 것처럼 느껴지는 사람을 말합니다.

1. He's great except the fact that he has a big mouth.

해석 그 사람은 입이 싸다는 사실을 빼면 괜찮아.

2. Everyone knows she has a big mouth.

해석 그녀가 입이 싸다는 것은 모든 사람이 알아.

3. It isn't news that jade goody has a big mouth and no brain.

해석 제이드 구디가 입만 싸고 멍청하다는 것은 새로운 소식도 아니야.

4. Back then, I thought I was a big fish in the sea.

해석 그때는 내가 우물 안 개구리였던 것 같아.

5. Moving from chicago to little rock, arkansas, he suddenly finds himself to be a big fish in the sea.

해석 시카고에서 리틀락으로 옮기고 나서 그는 우물 안 개구리가 된 자신을 발견한다.

STEP 5

against the clock
시각을 다투어, 일분일초를 다투어

against the clock
= to attempt to do something as fast as possible, usually in order to make a deadline.

시각을 다투어, 일분일초를 다투어

a leopard can't change his spots
= you cannot change who you are

제 버릇 개 못 준다, 사람의 본성의 쉽게 바뀌지 않는다.

---

leopard는 tiger로, spots는 stripes로 바꿔 쓰기도 합니다.

a penny for your thought
= this phrase is just a way of someone asking you what you are thinking about

생각에 잠긴 사람에게 '무슨 생각 하고 있니?' 라고 물을 때 사용합니다.

1. In a race against the clock, they rushed the special medicine to the hospital.

   해석 시간과 싸우면서, 그들은 특별한 약을 가지고 병원으로 서둘러 갔다.

2. I'm working against the clock to finish this project by noon.

   해석 나는 정오까지 이 일을 마치기 위해 시간과 사투를 벌이고 있다.

3. It is a race against the clock and, for David, every day counts.

   해석 그것은 시간과의 싸움이고, 데이빗에게는 매일매일이 중요하다.

4. A leopard may act like a kitten while being petted, but he can't change his spots.

   해석 표범이 보살핌을 받는 동안 고양이처럼 굴어도 표범 고유의 본성은 바꿀 수가 없다.

5. Under any circumstances, he has promised not to tell lies any more, but a leopard can't change its spots.

   해석 어떤 상황에서도 그는 거짓말하지 않기로 약속했지만 본성은 바꿀 수가 없나 봐.

6. A penny for your thoughts, hugh! You haven't said anything all evening!

   해석 무슨 생각을 하고 있는 거야, 허그! 저녁 내내 아무 말도 안 하고 있잖아.

STEP 6

all thumbs
몹시 서툴고 어색한 것

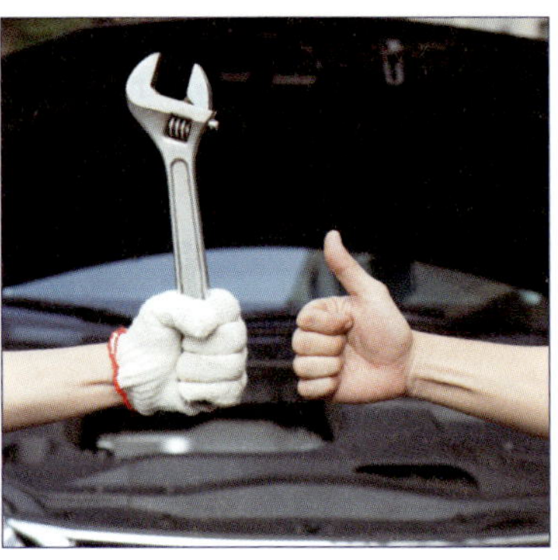

all thumbs
= awkward, clumsy

몹시 서툴고 어색한 것

다섯 손가락이 모두 엄지 손가락이라고 생각해보세요 얼마나 어색할까요?

a penny saved is a penny earned
= by not spending money, you are saving money.

티끌 모아 태산

many drops make a shower 와 비슷한 뜻입니다.

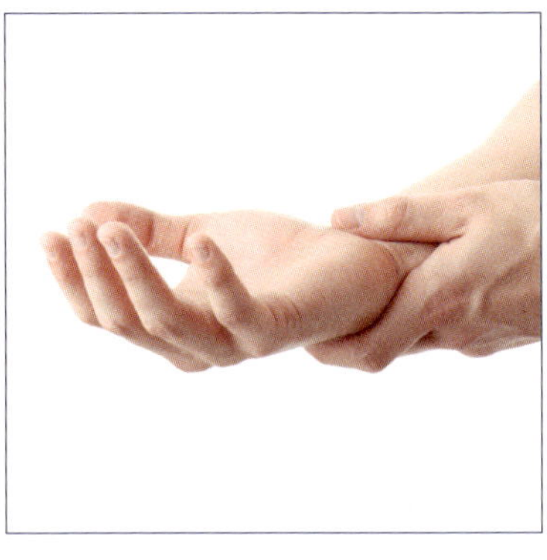

a slap on the wrist
= a mild punishment

가벼운 처벌, 솜방망이 처벌

1. I was all thumbs in my school years.

해석 나는 학교 다니는 내내 모든 게 서툴렀어.

2. I'm all thumbs when it comes to gardening.

해석 나는 원예에 관한 한 서툴러.

3. Poor Bob can't play the piano at all. He's all thumbs.

해석 안타깝게도 밥은 피아노를 전혀 못 쳐. 어색하기 짝이 없지.

4. He got a slap on the wrist because of his mistake.

해석 그의 실수 때문에 가벼운 처벌을 받았어.

5. A few million won fine is only a slap on the wrist!

해석 단지 수백만 원의 벌금은 솜방망이 처벌일 뿐이야.

6. First, as I have mentioned, they are very wide ranging ; we are not talking about a slap on the wrist.

해석 첫째로, 내가 언급했듯이 그것들은 너무 광범위해. 즉 내 말은 우리가 가벼운 처벌에 대해 이야기하고 있지 않다는 거야.

STEP 7

a picture paints a thousand words

한 번 보는 게 천 마디 말보다 가치 있다

a picture paints a thousand words
= a visual presentation is far more
  descriptive than words

한 번 보는 게 천 마디 말보다 가치 있다

20세기 초 광고에서 그래픽의 효과를 강조하기 위해 미국
에서 처음 발생한 표현으로 처음 사용된 문구는 One look
is worth than a thousand words 였습니다.

a piece of cake
= a task that can be accomplished
  very easily

누워서 떡 먹기, 식은 죽 먹기

비슷한 의미로 It's duck soup for me. It's a walk in the
park. easy-peasy 등이 있습니다.

1. They say that a picture may paint a thousand words, but I find that a handful of words can paint a movie.

   해석 천 마디 말보다 한 번 보는 게 낫다고는 하지만 나는 몇 마디 말로 영화를 묘사할 수 있어.

2. Ever conscious that a picture paints a thousand words, Cookson interweaves multiple stories with simple visual images.

   해석 천 마디 말보다 한 번 보는 게 낫다고 항상 자각하고 있듯이, 쿡선은 많은 이야기들을 단순하게 보이는 이미지들과 같이 엮었다.

3. Some decisions were a piece of cake, though.

   해석 어떤 결정들은 그래도 너무 쉬웠어.

4. Those rules would be a piece of cake to you.

   해석 그러한 규칙들은 너에게는 식은 죽 먹기일 거야.

5. Despite what people tell you, pregnancy's a piece of cake.

   해석 사람들이 뭐라고 말해도 임신은 식은 죽 먹기야.

STEP 8

a taste of your own medicine
자업자득, 뿌린 대로 거둠

a taste of your own medicine
= when you are mistreated
  the same way you mistreat others.

자기가 한 대로의 앙갚음, 자업자득, 뿌린 대로 거둠

toss-up
= a result that is still unclear and
  can go either way

반반의 가능성, 불확실한 결과

- -

'toss up'은 '위로 던지다'라는 뜻인데요. 운동경기 시작 전 심판이 동전을 던져 어느 팀이 먼저 할 것인지 정하는 데서 유래했습니다.

all walks of life
= all social, economical, and ethnic
  groups.

사회 각계각층, 온갖 계층의 사람

1. You seriously deserve a taste of your own medicine.

   해석 너는 니가 당한 대로 갚아줄 자격이 충분해.

2. Let the bully have a taste of his own medicine.

   해석 왕따는 자기 자신만의 방식을 갖게 한다.

3. So far the election is still a toss-up.

   해석 선거는 아직까지 누가 이길지 확신할 수 없다.

4. Have you decided on the colour yet? It's a toss-up between the blue and the green.

   해석 아직 결정 못 했니? 파랑색과 초록색인지 아직 결정 못 했다.

5. I could interact with people from all walks of life.

   해석 나는 다양한 사회 계층의 사람들과 교류할 수 있었다

6. People from all walks of life, all over the country, described their experiences.

   해석 세계 여러 곳에서 온 다양한 계층의 사람들이 그들의 경험에 대해 묘사했다.

STEP 9

a watched pot never boils
지켜보는 주전자는 좀체 잘 안 끓는다

a watched pot never boils
= when you constantly check on something, it seems it just takes longer.

무슨 일이 일어나기를 기다리고 있을 때, 그것에 집중했다고 해서 결코 일이 빨리 진행되지 않는다

all bark and no bite
= when someone is threatening or aggressive but not willing to engage in a fight.

행동으로는 옮기지는 않고 말뿐인, 입만 살았다

an arm and a leg
= very expensive or a large amount of money

엄청난 값을 치르다

옛날에는 큰 그림일수록 돈이 많이 부과됐고 더 비싸게 팔렸다고 해요. 큰 그림에 팔이 그려져 있으면 값이 더 올랐고 다리까지 그려져 있는 전신상의 초상화는 최고 비싼 값에 팔렸다고 하네요.

1. Billy weighed himself four times a day while he was trying to lose weight. His mother said, "Relax. A watched pot never boils"

해석 빌리는 살을 빼려고 노력하는 동안 하루에 네 번씩 몸무게를 재는데, 빌리 엄마가 말하길 "얘야, 주전자 보고 있는다고 해서 물이 빨리 끓지는 않잖아."

2. Experiencing is a better way to learn as it says action speaks louder than words.

해석 경험은, 말보다 행동이 중요하다는 것을 배우는 좋은 방법이다.

3. Friends that they make the Council of Europe's Committee of Ministers look all bark and no bite.

해석 유럽 각료위원회에서 만난 친구들은 입만 살았다.

4. That's a stiff price. or It costs me an arm and a leg.

해석 그건 너무 비싸.

5. The utilities cost an arm and a leg in the winter time.

해석 이용료가 겨울에는 비싸다.

6. It's great they aren't at each other's throats.

해석 그들이 으르렁대며 싸우지 않으니 좋다.

STEP 10

at the drop of a hat
망설이지 않고, 즉시

at the drop of a hat
= willing to do something
   immediately or without hesitation

망설이지 않고, 즉시

운동 경기의 시작을 알리기 위해 심판은 쓰고 있던 모자를 떨어뜨리는 행위를 하곤 했는데, 즉 이 표현은 신호를 받자마자 재빠르게 행동하는 상황에서 비롯되었답니다.

an axe to grind with
= to have personal or selfish reason
   for one's action or statement or
   have something to complain about

다른 속셈이 있다, 부정적으로 따질 것이 있다

이 표현은 벤자민 프랭클린의 작품 'Too much for your whistle' 에서 처음 유래한 것인데 순진한 프랭클린을 속여 도끼를 갈아간 낯선 사람에 빗대어 생겨난 말입니다.

apple of one's eye
= someone who is cherished above
   all others

아주 소중한 것

이 표현은 9세기의 Alfred 왕 때에 처음으로 쓰이게 되었는데, 전쟁에 나가는 군인에게 눈만큼 소중한 것은 없었다는 데서 유래했습니다.

1. She really is always there at the drop of a hat for us.

   해석 그녀는 항상 망설이지 않고 거기에 있어.

2. They argue at the drop of a hat.

   해석 그들은 그 자리에서 논쟁을 벌인다.

3. I have an axe to grind about nursery education.

   해석 나는 간호학 교육에 대해 불만이 있어.

4. Nothing has changed whatsoever, except that the Police Federation has an axe to grind.

   해석 무엇이든지 간에 어떤 것도 변하지 않았고, 연방 경찰국은 불평만 늘어놓고 있다.

5. His two-year-old daughter is the apple of his eye.

   해석 그의 두 살 난 딸은 세상에서 가장 소중해.

6. When things get intense, you always stay as cool as a cucumber.

   해석 극도의 상황에서도 너는 항상 침착하다.

7. He walks as slow as molasses.

   해석 그는 진짜 느리게 걷는다.

STEP 11

as flat as a pancake
평평한

as flat as a pancake
= very flat

평평한

back seat driver
= people who criticize from the sidelines, much like someone giving unwanted advice from the back seat of a vehicle to the driver.

듣는 사람이 요청하지도 않았는데 이래라 저래라 하는 사람

basket-case
= a very nervous person, someone at the verge of being neurotic

노이로제에 걸린 사람

1. The punctured tire was as flat as a pancake.

   해석 구멍 난 타이어가 납작해졌네.

2. Bobby squashed the ant as flat as a pancake.

   해석 바비가 개미를 납작하게 눌러버렸다.

3. Stop being a backseat driver! Or I will not take the wheel.

   해석 잔소리 좀 그만해, 안 그러면 운전 안 할 거야.

4. Brushing one's teeth a 100 times a day may be basket case behavior.

   해석 이를 하루에 백 번 닦는 것은 노이로제에 걸린 듯한 행동이야.

STEP 12

baker's dozen
13개(짜리 묶음)

baker's dozen
= thirteen

baker's dozen은 12개를 사면 하나를 덤으로 더 주는 것을 의미하므로 숫자로는 13개를 뜻합니다

beat around the bush
= avoid the main topic.
  not speaking directly about the
  issue

빙빙 돌려서 말하다, 변죽을 울리다

새를 잡으러 갈 때 새들이 숨어 있는 덤불을 주위에서 치게 되면 새가 날아오르지요. 이때 기다리고 있던 사냥꾼이 새를 잡는 것에서 유래했습니다.

bend over backwards
= do whatever it takes to help.
  willing to do anything

허리가 뒤로 젖혀질 정도로 열심히 일하다,
무진 애를 쓰다, 최대한 노력하다

1. It's not a common thing that I give every 50th customers a baker's dozen on every Saturday.

   해석 내가 매주 일요일 날 50번째 손님에게 공짜로 한 개를 더 주는 것은 일반적인 일이 아니다.

2. Well, you're barking up the wrong tree this time.

   해석 글쎄, 너 지금 헛다리 짚고 있는데.

3. She is barking up the wrong tree.

   해석 그녀는 헛다리 짚고 있다.

4. Let's not beat around the bush and say it how it is!

   해석 빙빙 돌려 얘기하지 말고 어떤지 말해 봐.

5. I mean he didn't beat around the bush.

   해석 논점을 벗어날 의도는 아니었는데.

6. The Obama attorneys have bent over backward to block us.

   해석 오바마의 변호사들이 우리를 막기 위해 엄청 열심히 일해 왔지.

STEP 13

between a rock and a hard place
진퇴양난에 빠져

between a rock and a hard place
= stuck between two very bad option

진퇴양난에 빠져

bite off more than you can chew
= to take on a task that is way to big

씹을 수 있는 것보다 더 많이 베어 물다.

말 그대로 자기가 할 수 있는 것보다 더 많은 것을 하고 있을 때 사용합니다.

bite your tongue
= to avoid talking

입이 근질거려도 쓸데없는 소리 하지 말고 조용히 해라.

1. I'm between a rock and a hard place.

   해석 나는 진퇴양난에 빠졌어.

2. One big mistake puts him between a rock and a hard place.

   해석 큰 실수 하나가 그를 진퇴양난에 빠지게 한다.

3. They're really between a rock and a hard place; sometimes they're helping us, sometimes they're against us.

   해석 그들은 정말 곤경에 처해 있어, 때때로 그들이 우리를 도와주기도 하고, 반기를 들기도 했는데 말이지.

4. Do whatever you can, but don't bite off more than you can chew.

   해석 무엇이든 니가 할 수 있는 것을 해라, 무리하지는 말고.

5. It seems to me that in building this hospital you might have bitten off more than you can chew.

   해석 내가 볼 때 이 병원을 짓는 것은 어쩜 우리가 할 수 있는 한계를 넘어서는 것일 수도 있어.

6. Last time we posted something like that three of you bit your tongues.

   해석 지난번에 쓸데없는 말 하지 말라고 당신들 세 명에게 우편을 보냈습니다.

STEP 14

blue moon
극히 드물게

blue moon

= a rare event or occurrence

드문

break a leg

= a superstitious way to 'good luck'
  without saying 'good luck', but
  rather the opposite

행운을 빌어주다

- -

이 표현에는 스프라이트라는 요정에 관한 전설이 있는데,
이 요정은 뭐든 말하면 거꾸로 되도록 장난을 쳤답니다.
요정을 골탕 먹이기 위해 'break a leg' 라고 했던 말이 오히
려 반대로 성공을 기원하는 의미로 쓰이게 되었다고 합니다.

buy a lemon

= to purchase a vehicle that
  constantly gives problems or stops
  running after you drive it away

고물 차를 사다

- -

여기서 lemon 의 의미는 a person or thing considered to
be useless or defective로 lemon 은 보통 과일 이외의 용
법으로 쓰일 때는 부정정인 의미를 갖습니다. 결함 있는
차, 불쾌 한 것(사람), 시시한 것, 재미없는 것.

1. I seldom go to a movie maybe once in a blue moon.

   해석 나의 거의 영화를 보러 가지 않는다.

2. The county council might run a bus once in a blue moon.

   해석 그 시골 운영회는 어쩌다 한 번 버스를 운행한다.

3. Meanwhile, I look in on our old mum only once in a blue moon.

   해석 반면에 나는 드물게 우리 노모를 방문한다.

4. I bought a lemon and drove.

   해석 나는 중고차를 사서 운전을 해봤다.

5. few years back, I bought a used car that has turned out to be a real lemon.

   해석 수년 전에 중고차를 샀는데 알고 봤더니 완전히 고물인 거 있지.

STEP 15

beat someone to the draw
선수 치다

beat someone to the draw
= you do something before they do

기선을 제압하다, 선수 치다

여기서 beat는 이긴다는 의미이고, draw는 뽑기라고 생각하시면 됩니다. 이 표현은 서부영화에서 많이 만날 수 있는 카우보이를 생각하시면 됩니다. 총을 먼저 뽑는 사람이 게임에서 이기는 거죠.

bet your bottom dollar
= you can be absolutely sure about it

장담컨대 틀림없이 ～할 것이다.

---

one's bottom dollar는 최후로 남은 돈이니 얼마나 눈에 잘 보이겠습니까? 이 표현은 호언장담할 때, 확신을 나타낼 때 사용합니다.

bet the ranch(farm, house)
= you risk everything on something you think will succeed

망하든 흥하든 해보다, 절대 ～이다.

1. We beat our rivals to the draw.

해석 우리는 우리 적수를 가까스로 이겼다.

2. McCain was beaten to the draw by Obama, who released his own economic proposals on Monday.

해석 오바마에게 근소한 차이로 패한 맥케인은 월요일에 그 자신만의 경제적인 제안들을 발표했다.

3. You can bet your bottom dollar that Jane has a boyfriend.

해석 제인이 남자친구가 있다는 것은 확실해.

4. You can bet your bottom dollar that something will prevent us from leaving on time.

해석 시간에 맞추어 떠나야 하는 우리를 뭔가가 막고 있는 것이 분명해.

5. A bigger business does not bet the ranch on something like this and a small one does.

해석 큰 기업들은 이와 같이 작은 기업들이 하는 것에 위험을 무릎 쓰지는 않는다.

6. My guess is, it's Mitt Romney, if I had to bet the ranch, but I don't know.

해석 내 짐작으로는 아마 나라면 위험을 무릅쓰겠지만 미트 롬니라면 모르겠다.

STEP 16

can't cut the mustard
기대하는 것만큼 좋다

can't cut the mustard
= someone who isn't adequate
  enough to compete or participate

cut the mustard 하면 '제대로 일하다', '기대
에 부응하다'

여기서 cut는 자르다의 의미가 아니가 수행하다(perform)
의 의미예요.

chew the fat
= when you are chatting with
  someone about nothing in
  particular, you could say you are
  chewing the fat

chew the fat은 친한 사람들과 오랜 시간 동
안 별로 중요하지 않은 내용의 수다를 떠는
것을 가리킵니다. shoot the breeze도 이와
비슷한 뜻입니다

chew someone out
= verbally scold someone

누군가를 야단치고 호되게 나무란다는 뜻

1. Our manager can't cut the mustard.

해석 우리 매니저는 기대에 부응하지 못한다.

2. When I didn't cut the mustard in racing, I started talking about it too.

해석 내가 경주에서 기대에 부응하지 못했을 때, 이야기를 하기 시작했다.

3. Ow! I just got a charley horse in my leg.

해석 아야! 다리에 쥐 났어.

4. He also developed charley horses from over-exertion and he got poor grades in climbing and running.

해석 과도한 연습으로 경련이 일어났고, 그는 등산과 달리기에서 낮은 점수를 받았다.

5. Two friends chewed the fat about the upcoming presidential election.

해석 두 친구가 다가올 대통령 선거에 대해 얘기했다.

6. He got chewed out by his boss.

해석 그는 보스한테 혼났다.

STEP 17

cold turkey
(흡연이나 마약 등을) 즉각 끊다

cold turkey
= when someone says they are doing cold turkey, it means that they are stopping something abruptly

갑작스러운 약물중단에 의한 신체적 불안감, 또는 그러한 증상을 겪게 하는 마약 치료법

close but no cigar
= to be very near and almost accomplish a goal, but fall short

성공에 거의 근접은 했으나 조금 부족할 때 쓰는 표현

- -

이 표현은 사격장에서 나왔다고 합니다. 경품으로 사격시합에서 우승으로 cigar가 주어졌는데 목표물을 맞추긴 했으나 쓰러뜨리지는 못했을 경우 '거의 성공했는데 시가는 못 받겠네'라고 말하곤 했답니다.

cook and bull story
= any unbelievable story

황당무계한 이야기, 앞뒤가 맞지 않는 이야기, 꾸며낸 이야기, 지어낸 이야기

1. In other words, prisoners should experience cold turkey.

   해석 다른 말로 하면 죄수들은 금단현상을 경험해야 한다.

2. I literally went cold turkey and snapped out of it.

   해석 말 그대로 나는 금단현상을 겪었고 즉시 중단했다.

3. I went cold turkey from my addiction to food, my bulimia in my 40's.

   해석 나는 내 나이 40대에 과식증, 음식에 대한 집착 때문에 금단현상을 겪었다.

4. He was close but no cigar.

   해석 그는 거의 성공하는 듯했으나, 뭔가 부족했다.

5. I asked for an explanation, and all I got was your ridiculous cock-and-bull story!

   해석 나는 설명을 요청했고 내가 들은 것은 진짜 웃긴 옛날이야기였다.

6. You are telling a cock-and-bull story.

   해석 너는 옛날 일을 얘기하고 있구나.

STEP 18

circle the wagon
방어 태세를 취하다

circle the wagon
= you stop communicating with people who don't think the same way as you to avoid their ideas. It can also means to bring everyone together to defend a group against an attack.

단단한 방어 태세를 취하다

cooking with gas
= you're working very efficiently

아주 잘해 나간다, 기계들이 잘 작동된다

country mile
= a long distance

아주 먼 거리

1. This is not a matter of circling the wagons to defend the legal profession.

해석 이것은 변호사법을 보호하기 위해 방어 태세를 취하자는 문제가 아니다.

2. I think when presidencies become beleaguered, they have a tendency to circle the wagons.

해석 회장단이 사면초가에 몰리게 되면 그들은 방어 태세를 취하는 경향이 있는 것 같다.

3. But since nearly everyone cooks with gas, that doesn't help much.

해석 거의 모든 사람들이 잘해나가고 있지만 그렇다고 많은 도움이 되지는 않는다.

4. All these machines cook with gas.

해석 모든 기계들이 잘 작동한다.

5. It is the dominant political issue in my community, by a country mile.

해석 그것은 오래전부터, 나의 지역 사회에 지배적인 정치 문제이다.

6. Most of the big companies missed the target by a country mile.

해석 대부분의 큰 회사들은 오래전부터 완전히 빗나갔다.

7. Jennie is the brightest girl in there by a country mile.

해석 제니는 오래전부터 거기에서 가장 영리한 소녀이다.

STEP 19

coon's age
아주 긴 세월

coon's age
= a very long time

오래전 그날

crepe hanger
= one who always looks at the bad side of thing and is morbid or gloomy

재미 없는 사람, 비관론자

curve ball
= deceptive

책략

샌디 쿠팩스는 메이저리그 역사상 가장 커브를 잘 던진 투수로 꼽히기도 합니다. 야구 역사상 최초로(1872) 만들어진 변화구가 바로 이 커브(Curve Ball)라네요.

1. If I greeted someone I hadn't seen for ages nowadays with "I haven't seen you in a coon's age."

   해석 어떤 사람을 오랫동안 못 봤을 때, I hadn't seen for ages nowadays 또는 "I haven't seen you in a coon's age."라고 이야기한다.

2. At the last minute, I threw them a curve ball by saying, "We're going to bring spouses."

   해석 마지막에 나는 "우리는 배우자들을 데려올 거야."라고 말하면서 상대방을 혼란하게 했다.

3. I feel as though I am always getting thrown curve balls and that nothing is ever certain in life.

   해석 나는 항상 예기치 않은 일이 일어난 듯 느끼지만, 어떤 것도 확실하지는 않다.

4. Apparently Kylie is also fine, curve ball though she may be.

   해석 분명한 건 카일리는 예상치 못할 부분이 있긴 하지만 괜찮다.

STEP 20

crack someone up
몹시 웃기다

crack someone up
= to make someone laugh

'몹시 웃기다'의 긍정적인 의미로 격식을 차리지 않는 자리에서 많이 사용합니다. 우리말 '빵 터지다'와 일맥상통하는 표현

cry wolf
= to hope that something happens the way you want it to

아무 문제가 없는데도 외치거나 불평을 하고, 거짓 소동을 피운다는 뜻

cheap drunk
= also known as a cheap date. a person who becomes drunk after only one or two drinks.

한두 잔만으로도 취하는 사람

1. Don't cry wolf too often. No one will come.

해석 너무 자주 도와달라고 하지 마라. 결국에 아무도 오지 않을 것이다.

2. Members in all parts of the House who disagreed with him of crying wolf.

해석 의회의 대다수 의원들은 그의 도움 요청에 응하지 않았다.

3. Unfortunately, the aviation industry has cried wolf on occasions.

해석 불행히도 항공 산업은 종종 도움이 되지 않는다.

4. What a cheap drunk!

해석 그것밖에 못 마셔?

5. Cheaper drinks also mean you tend to get drunk more slowly.

해석 술을 못 마시는 사람들은 천천히 마시는 경향이 있다.

STEP 21

curiosity killed the cat
호기심이 지나치면 위험할 수가 있다

curiosity killed the cat
= leave out all the unnecessary
  details and just get to the point

지나친 호기심은 일을 망칠 수 있다.

cook someone's goose
= damage or ruin somebody, spoil
  somebody's chances of success

남의 계획을 망쳐놓다, 산통 깨다

dead ringer
= 100% identical

제레미 아이언스가 나오는 영화 제목이기도 하
며, 똑같이 닮은 사람이나 쌍둥이를 말합니다

1. Curiosity killed the cat. Mind your own business.

해석 호기심이 지나치군, 신경 끄시지.

2. Are you trying to cook my goose?

해석 너 지금 계획을 망치려고 하는 거야?

3. That accident has cooked his goose.

해석 그 사고로 엉망이 되었다.

4. This car is a dead ringer for the one I used to own.

해석 이 차는 내가 예전에 갖고 있던 것과 똑같은 건데.

5. She's a dead ringer for a girl I used to know.

해석 그녀는 내가 전에 알았던 소녀하고 꼭 닮았어.

STEP 22

devil's advocate
선의의 비판자 노릇을 하는 사람

devil's advocate
= someone who takes a position for the sake of argument without believing in that particular side of the argument. It can be also mean one who presents a counter argument for a position they do believe it to another debater.

의사 결정 과정에서 의도적으로 반대 의견을 말하여 열띤 토의가 이루어지도록 하는 사람을 말합니다

don't look a gift horse in the mouth
= when someone gives a present, don't be ungrateful

남에게 받은 선물에 대해 이러쿵저러쿵 말을 해서는 안 되고, 너무 완벽한 선물을 기대해서도 안 된다는 것을 뜻하는 이디엄입니다

downer
= an event that causes one to be sad

우울한, 우울하게 하는 것

1. I am slightly playing Devil's advocate between Professor Heald and Sir Peter.

   해석 나는 힐드 교수와 피터 씨 사이에서 일부러 살짝이나마 반대 의견을 제시했다.

2. But let me play devil's advocate with you for a second.

   해석 그러나 잠깐이나마 내가 비판자 역할을 할게.

3. Don't complain. You shouldn't look a gift horse in the mouth.

   해석 불평하지 마, 감사하게 받아들여.

4. Yeah, it was a real downer.

   해석 그래, 그건 진짜 우울했어.

5. To most people alcohol is considerd a downer that reduces activity in the nervous system.

   해석 대부분의 사람들에게 술은 신경계에서 활동을 줄이는 진정제로 여겨진다.

6. Not getting the promotion was a real downer.

   해석 승진 못한 건 진짜 우울해.

STEP 23

drawing card
인기 연예인 (강연자)

drawing card
= a famous person who attracts
  people to attend an event

인기 강연자, 연예인 등 사람의 미목을 끄는 것

don't sweat the small stuff
= not to worry about trivial or
  unimportant issue

별거 아닌 일로 속 태우지 마라

don't take any wooden nickles
= to advise people not to be cheated
  or ripped off

조심해라, 바보같이 속지 마라, 혹은 당하지 마라

- -
나무로 만든 니클, 즉 값어치가 없는 것을 말합니다.

1. It's topped the box office this weekend, and why is it such a draw card, do you think?

> 해석 이번 주에 그 영호가 박스 오피스에 1위로 올라왔던데, 왜 그렇게 사람들의 이목을 집중시키는 거야?

2. He is a big drawing-card in the troupe.

> 해석 그는 그 공연단에서 가장 이목을 끄는 사람이야.

3. All I'm trying to say is "don't sweat the small stuff" and be a bit more relaxed about things.

> 해석 별거 아닌일에 신경 쓰지 마, 그리고 좀 느긋해져 봐, 그게 내가 하고 싶은 말이야.

4. Well, see you around Tom. Don't take any wooden nickels.

> 해석 글쎄, 탐 주위를 한번 둘러봐 봐, 속지 말고, 조심해.

5. Don't take any wooden nickels.

> 해석 조심해.

STEP 24

down to the wire
최후까지, 끝까지

54

down to the wire
= something that ends at the last
  minutes or last few seconds

최후까지, 끝까지

이 말은 경마 경주에서 유래한 표현인데요, wire는 선이나 줄을 의미하는데 경마 경주를 할 때 결승선을 일컬었던 것에서 유래한 말이라고 합니다.

drive someone up the wall
= to irritate or annoy very much

화가 나서 참기 힘든 상황까지 몰고 가다

dropping like flies

= a large number of people either
  falling or dying

무더기로 쓰러지다

1. When we get down to the wire, we'll know better what to do.

   해석 최후의 순간까지 가게 되면 어떻게 해야 하는지 더 잘 알게 될 거야.

2. Negotiations are likely to go down to the wire.

   해석 협상은 끝까지 갈 것 같아.

3. His complaining is driving me up the wall.

   해석 그 사람의 불평은 나를 항상 참기 힘든 상황으로 몰아간다니까.

4. You're driving me up the wall!

   해석 너는 나를 화가 나게 만드는구나!

5. People have been dropping like flies because of SARS!

   해석 사람들이 사스 때문에 엄청 죽었다.

6. Nearly two weeks on and people in this country are dropping like flies.

   해석 거의 2주 동안 이 나라의 많은 국민들이 죽어 나갔다.

STEP 25

fair shake of the whip
공평한 기회

fair shake of the whip
= they all have equal opportunities
  to do something

공평한 기회, 조치

비슷한 말로 fair shake, fair shake of chance

fifth wheel
= unnecessary or useless

쓸모없는, 무용지물인

예비용 타이어로 다섯 번째 wheel을 갖고 다니는 사람도 있긴 하지만 바퀴는 4개면 충분하잖아요.

fish or cut bait
= it is time to take actions

태도를 정하다, 어느 쪽인지 분명히 하다

---

fish는 낚시하다, cut bait는 미끼를 잘라 없애라는 의미. 낚시를 하든지, 아니면 미끼를 잘라 없애고 낚시를 그만두든지 어느 한 쪽을 분명히 정하다. 거취를 분명히 하다. 참가 여부를 정하다 등의 의미로 쓰이는 표현입니다.

1. A fair shake of the cohip should be provided to everyone.

   해석 공평한 기회는 모든 사람에게 주어져야 한다.

2. I know how much he cares that minority kids get a fair shake in the educational system.

   해석 나는 그가 사각지대에 놓여 있는 어린이들에 대한 공평한 기회 제공에 대해 얼마나 염려하고 있는지 안다.

3. Because of inaccurate or incomprehensible information, seniors haven't been given a fair shake.

   해석 노인들은 부정확하거나 이해하지 못하기 때문에 공평한 정보 제공을 받지 못한다.

4. That's like putting a fifth wheel on a coach.

   해석 그건 소용없어 보이는데.

5. The boss told Tom, "Quit wasting time! Fish or cut bait!"

   해석 상사가 탐에게 말하길 "시간 낭비야. 행동을 취할 때라고!"

6. There's been enough discussion. It's time for the government to fish or cut bait.

   해석 토의는 충분해. 이제는 행동을 취할 때야.

STEP 26

Elvis has left the building
엘비스는 이미 건물을 나갔습니다

Elvis has left the building
= the show has come to an end. It's
  all over.

할리우드 영화를 보다 보면 가끔 듣게 되는 대사인데요,
공연이나 행사가 끝났는데도 팬들이 유명 스타를 보겠다
며 가지 않고 아우성일 때 공연이 끝났고 스타도 떠나고
없다는 것을 알리기 위해 하는 안내 방송 표현입니다.

every cloud has a silver lining
= be optimistic even difficult times
  will lead to better days.

짙은 구름이라도 가장자리는 밝은 선이 나타난다는 의미
로 나쁜 상황에서도 조그마한 희망은 있다는 뜻입니다.
우리나라 속담 '쥐구멍에도 볕 들 날 있다'와 비슷하고, a
silver lining은 희망을 의미합니다.

excuse my French
(pardon my French)
= please forgive me or cussing

욕해서 괜히 민망할 때

너무 지나친 욕을 했을 때 사용합니다.

1. For anyone who thought Elvis had left the building, he's made a re-appearance at the Oxford Street luxury department store.

> 해석 끝났다고 생각하는 사람을 위해 그는 옥스퍼드 거리에 있는 호화스러운 백화점에 다시 나타났다.

2. Elvis has left the building and last one out turn off the lights!

> 해석 콘서트가 끝나고 마지막 사람이 나가면 불 꺼!

3. Fixing my camera was really difficult and took a long time… but I learned a lot about cameras! Every cloud has a silver lining.

> 해석 카메라 고치는 게 정말 어렵기도 하고 시간도 많이 걸렸는데 배운 게 있어. 항상 긍정적이어야 한다니깐.

4. This designer is nothing but a wanker if you'll excuse my french.

> 해석 이 디자이너는 재수 없는 새끼야. 입조심해야겠지만.

STEP 27

easy-going
느긋한, 태평스러운

easy-going
= tolerant, relaxed

느긋한, 태평스러운

feeding frenzy
= an aggressive attack on someone
  by a group

각축전, 미친 듯이 다툼

사람들이 무엇을 노리고 미친 듯이 달려드는 모습을 상상
하시면 됩니다.

finding your feet
= to become comfortable in
  whatever you are doing

제자리를 잡다, 익숙해지다

1. Davis, however, was not as easy going as Lincoln.

   해석 데이비스는 그러나 링컨만큼 편하지는 않았다.

2. I think she is an easy-going person.

   해석 그녀는 편안한 사람인 것 같아.

3. The reporter was in a feeding frenzy.

   해석 기자들의 취재 열기가 대단했다니까.

4. It takes quiet a while to learn the office routine, but you will gradually find your feet.

   해석 사무실 일 배우는 데 시간은 걸리겠지만 곧 익숙해질 거야.

5. You always need a bit of time to settle in and find your feet.

   해석 항상 안정화되고 익숙해지려면 시간이 필요해.

STEP 28

foam at the mouth
몹시 화가 나다. 게거품 물다

foam at the mouth
= to be enraged and show it

몹시 화가 나다. 게거품 물다

flash in the pan
= something that shows potential or
  looks promising in the beginning
  but fail to deliver anything in the
  end

시작은 잠깐 화려했지만 끝은 흐지부지돼서
마무리가 좋지 않은 사람이나 노력에 비유해
서 쓰는 말이입니다

fool's gold
= a worthless rock that resemble
  real gold

반짝인다고 다 금은 아니죠. 금같이 보이지만
진짜는 아닌

1. This isn't just a flash in the pan.

해석 이것은 단지 일시적인 성공은 아니야.

2. They are showing that "the Korean Wave" is not a flash in the pan.

해석 그들이 보여준 한류는 일시적인 것이 아니야.

3. In fact, as we know, we were living on fool's gold.

해석 사실 우리도 알다시피, 우리는 가짜 인생을 살고 있잖아.

4. That said one so little shouldn't be flipping the bird to anyone.

해석 가운데 손가락으로 무례한 표현을 하는 것은 해서는 안 돼.

5. He foamed at the mouth.

해석 그 사람 거품 물었어.

6. Oh Lord, Chris has started to foam at the mouth again.

해석 어머나 세상에. 크리스가 다시 화를 내기 시작했어.

STEP 29

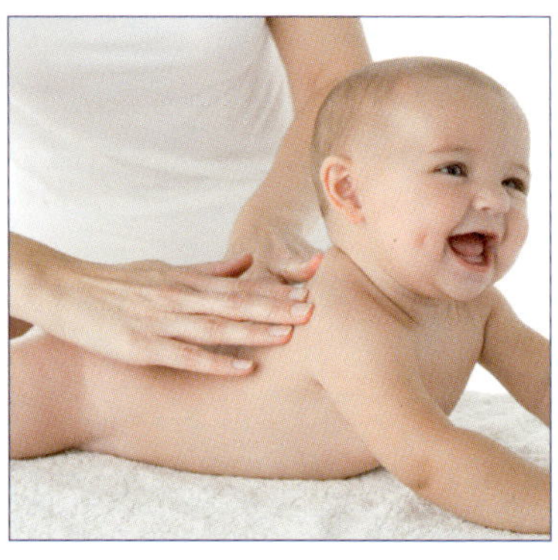

full monty
발가벗은

full monty
= everything or completely nude

monty는 숨은 뜻으로, '옷을 벗은'이라는 뜻이 있습니다. 앞에 Full 이 붙었으니까, 모조리 벗었다

fall into place
= to become organized, to fit together

앞뒤가 딱딱 맞아떨어지다

get up on the wrong side of the bed
= someone who is having a horrible day

아침에 평소 일어나던 자리에서 일어나지 않고 다른 쪽에서 일어나면 기분이 달라진다는 뜻에서 나온 표현으로. 어떤 사람이 평소와 달리 예민하고 신경질적이거나 하루 종일 기분이 안 좋아 보이는 경우 사용합니다. 우리말로 '꿈자리라도 뒤숭숭했나 봐'와 유사하겠네요.

1. I fear nothing for I went the full monty.

해석 갈 데까지 가서 나는 두려울 게 없어.

2. They'll do the full monty if you pay them enough.

해석 네가 충분히 지불한다면 그들이 벗을 거야.

3. The princess used to be quite poor. She certainly moved from rags to riches.

해석 그 공주는 가난했지만 부자가 되었어.

4. After I inherited the money, I went from rags to riches.

해석 돈을 물려받은 후에 가난에서 벗어나 부자가 되었지.

5. I think everything will fall into place.

해석 모든 게 척척 맞아떨어질 거야.

6. When you get older, the different parts of your life begin to fall into place.

해석 나이가 들면 니 생활의 다른 많은 부분들이 제자리를 찾기 시작하지.

7. Let's get down to brass tacks. We've wasted too much time chatting.

해석 본론으로 돌아가자. 우리 잡담하느라 너무 많은 시간을 낭비했어.

STEP 30

go down the lead ballon
가라앉은, 축 쳐진

go down the lead ballon
= to be received baldy by an
   audience

완전한 실패 lead ballon은 납으로 만든 풍선을 말합니다.
풍선은 떠올라야 제 몫을 하는데, 가라앉는 풍선이라니 상
상이 가시죠?

go out on a limb
= put yourself in a tough situation
   in order to support someone/
   something

마크 트웨인의 명언이기도 하죠, Why not go out on a limb?
That's where the fruit is.
위험을 감수하고 도전하다. 한계를 넘어서다.

go-getter
= an aggressive employee, a hard
   worker

성공하려고 단단히 작정한 사람, 또는 박력있
다라고 말할 때 씁니다

1. I don't want to go out on a limb, but I think I'd agree to your request.

> 해석 위험을 감수하기는 싫지만 니 요구에는 동의해.

2. He is prepared to go out on a limb.

> 해석 그는 위험을 감수할 준비가 되어 있어.

3. Are you prepared to go out on a limb and make your suspicions public?

> 해석 위험을 감수하고, 협의를 공개할 준비가 되었니?

4. He's real go-getter. He's so energetic.

> 해석 그는 박력이 넘쳐, 엄청 에너제틱하지.

5. She has tremendous ambition. or She is a real go-getter.

> 해석 그녀는 야망이 넘쳐, 정말이지 성공하려고 작정한 사람이야.

STEP 31

go the extra mile
한층 더 노력하다

go the extra mile
= going above and beyond whatever
  is required for the task at hand

한층 더 노력하다, 기대 이상의 무언가를 하
다

특히 다른 사람을 위해 어떤 목적으로 가지고 노력하다, 전력을 다하다 라는 의미가 있습니다.

great minds think alike
= intelligent people think alike each
  other

위대한 사람은 똑같은 생각을 한다는 의미이기도 하지만
두 사람이 같은 생각을 하게 되었을 때 사용하기도 합니다.

gut feeling
= a personal intuition you get, esp
  when feel something may not be
  right

직감

'gut'는 위나 장을 뜻하는 소화기관이지만 gut feeling은 그
런 소화기관과는 상관이 없는 '직감'이라는 뜻입니다.

1. Those who go the extra mile will get rewarded some day.

해석 열심히 노력하는 사람은 언젠가 보상을 받을 거야.

2. Radically changing your lifestyle!! Great minds think alike.

해석 급진적으로 변화하는 너의 삶의 방식이라!! 우리는 역시 똑똑해.

3. I hope that Conservative Members will agree that this is a classic case of great minds thinking alike.

해석 보수파 의원들은 이것이 위대한 사람들이 생각하는 전통적인 방법이라는 데 동의했으면 싶어.

4. My second was the gut feeling that this was not good news.

해석 느낌상, 이거는 좋은 소식은 아닌 것 같아.

5. It was either gut feeling or intuition.

해석 그것은 본능이기도 하고 직감이기도 했지.

6. I have a gut feeling that he is not the murderer.

해석 나는 그가 범인이 아니라고 직감했어.

STEP 32

go fly like a kite
귀찮게 굴지 말고 꺼져

go fly like a kite
= go away and leave you alone

귀찮게 굴지 말고 꺼져.

go to the mat
= they continue to struggle or fight
  to the end, until they have either
  won or have finally been defeated.

～와의 언쟁에서 역성을 들다, 편을 들다.

give away the store
= they say or do something
  that makes their position in
  negotiations, debates

～에 대한 대가를 지나치게 치르다.

70

1. I don't want to see you. Go fly a kite.

해석 너 보고 싶지 않아, 꺼져.

2. When there're three in a group, two of them always go to the mat.

해석 셋이 모이면 그들 중 두 명은 꼭 싸우더라고.

3. People are willing to go to the mat with any argument to push their claim.

해석 사람들은 그들의 요구를 밀어붙이기 위해서라면 어떤 논쟁도 서슴치 않을 거야.

4. I personally doubt it very much, but if you listen to everyone commenting tonight, you would think we had given away the store.

해석 개인적으로 매우 의심스럽기는 하지만 오늘 밤 모든 사람의 진술을 주의 깊게 듣는다면 우리가 지나치게 많은 대가를 치러 왔다고 생각하게 될 거야.

5. It also means no longer giving the store away.

해석 그것은 많은 대가를 치르지 않았다는 것을 의미 한다.

STEP 33

green thumb

원예에 소질이 있는 사람

green thumb
= someone with a talent for
 gathering

원예에 소질이 있는 사람

graveyard shift
= working hours from about 12:00
 am to 8:00 am

야간 근무

get your working papers
=get fired from a job

해고되다

1. My mother has a green thumb when it comes to houseplants.

해석 엄마는 분재 화초에 관한 한 소질이 있으시다.

2. You've got a green thumb.

해석 당신 원예에 소질이 있으시군요.

3. You must have a green thumb.

해석 당신은 화초를 잘 키우시는 게 분명해요.

4. She works the graveyard shift, six nights a week.

해석 그녀는 일주일에 6일 밤, 야간 근무를 한다.

5. Tomorrow, I am on the graveyard shift.

해석 내일, 야간 근무인데.

STEP 34

haste makes waste
서두르면 일을 망친다

haste makes waste
= quickly doing results in a poor
   ending

서두르면 일을 망친다

우리나라 속담에 '급히 먹는 밥이 체한다', '급할수록 돌아
가라'와 유사합니다.

hat trick
= when one player scores three
   goals in the same hockey game.
   this idiom can also mean three
   scores in any other sport, such
   as 3 homeruns, 3 touchdowns, 3
   soccer goals, etc.

한 사람이 한 시합에서 3점 넣기

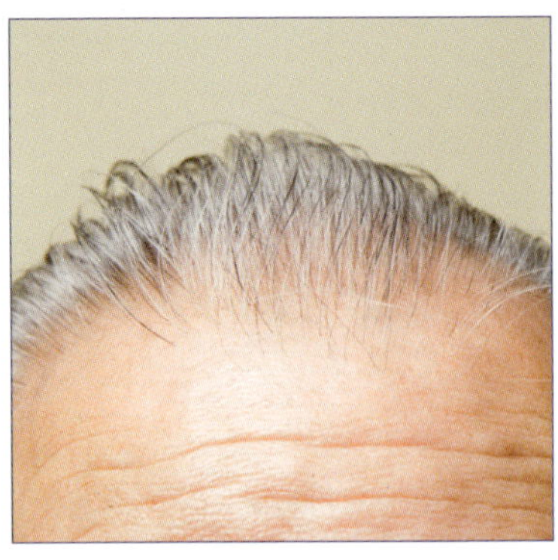

helost his head
= angry and overcome by emotions.

열받다, 이성을 잃다

1. But haste can make waste, as the US Treasury's ill-defined Troubled Asset Relief Programme plan demonstrates.

   해석 미재무성의 분명치 않은 TARP가 설명하듯, 급하게 하면 일을 망친다.

2. The player pulled off a hat trick in the match.

   해석 그 선수는 그 경기에서 세 골을 득점했다.

3. He scored his third goal this game and made it a hat trick.

   해석 그는 이번 경기에서 3점을 득점했고, 해트트릭을 이루어냈다.

4. You can't let him make a decision as he lost his head.

   해석 그가 제정신이 아니었을 때 결정하게 두어서는 안 된다.

5. He lost his head and made the wrong decision.

   해석 그는 제정신이 아니었고 잘못된 결정을 했다.

STEP 35

head over heels
한발 늦은, 소용없는

head over heels
= very excited and/or joyful,
  especially when in love.

～에게 반했다, ～에게 완전히 빠졌다

hell in a handbasket
= deteriorating and headed for
  complete disaster.

무엇인가가 재앙으로 치닫는 상태, 한마디로
엉망인 상태를 말합니다

high on the hog
= living in luxury.

부유한 삶을 살다, 호화로운 삶을 살다

옛날에 하인, 노예, 가난한 사람들은 돼지의 아랫부분을
먹었던 반면 부유한 사람들은 윗부분을 먹었다는 데서 유
래되었습니다.

1. You are head over heels in love with Alice.

해석 너 앨리스와 진짜 사랑에 빠졌구나.

2. The next person you meet you could fall head over heels for.

해석 니가 다음에 만날 사람은 너에게 푹 빠질 거야.

3. You're rarely head over heels for someone.

해석 니가 누군가를 사랑하는 것은 드문 일이야.

4. Everything he thought the most precious thing in the world suddenly go to hell in a handbasket.

해석 그가 세상에서 가장 중요하다고 생각한 모든 것들이 갑자기 엉망이 되었다.

5. During the Japanese occupation, collaborators lived high on the hog in exchange for betraying their own people.

해석 일본 식민 기간 동안 부역자들은 조국의 국민을 배신하는 대가로 호화로운 생활을 했다.

6. He lives high on the hog on the assets he's acquired underhandedly.

해석 그가 은밀하게 얻은 자산을 가지고 호화로운 생활을 한다.

7. She reported that this chump was living high on the hog on my money.

해석 그녀의 보고에 의하면 이 얼간이 같은 녀석이 내 돈을 가지고 호화로운 생활을 하고 있대.

STEP 36

hit the books
열심히 공부하다

hit the books
= to study, especially for a test or
  exam.

열심히 공부하다

여기서 hit는 어떤 일을 시작하자, 실행하다의 의미입니다.

hit the hay(sheet, sack)
= go to bed or go to sleep.

잠자리에 들다

hit the nail on the head
= do something exactly right or say
  something exactly right.

요점을 찌르다, 정곡을 찌르다, 핵심을 말하다

망치질할 때 못의 머리를 정확히 쳐야 망치질이 제대로 되
는 상황을 연상해 보세요.

1. She hit the books to enter a good university.

해석 그녀는 좋은 대학에 들어가기 위해 열심히 공부했다.

2. I have to hit the books. I've got a chemistry test tomorrow.

해석 내일 화학 시험이 있어서 열심히 공부해야만 한다.

3. Stop talking on the phone and hit the books.

해석 전화 통화 그만하고 공부해라.

4. I was so sleepy that I hit the hay early.

해석 너무 졸려서 일찍 잤어.

5. The next time you want to learn new English vocabulary words, be sure to review them just before you hit the hay!

해석 다음에 새로운 영어 숙어를 공부하길 원한다면 잠자리에 들기 전에 복습해라.

6. You've hit the nail on the head.

해석 너는 일을 정확하게 해왔구나.

7. My guess hit the nail on the head.

해석 내 적중은 맞았어.

STEP 37

hocus pocus

마술아 마술아, 터무니없는, 말도 안 되는

hocus pocus
= In general, a term used in magic
  or trickery.

마술아 마술아. 터무니없다, 말도 안 되는

hold your horses
= be patient.

기다려, 진정해

hands down
= easily, by far

노력하지 않고, 수월하게

1. What she says is just hocus-pocus, pure nonsense.

해석 그녀가 말한 것은 터무니없는 소리야.

2. We have heard a lot of hocus-pocus economics this evening.

해석 우리는 오늘 저녁에 말도 안 되는 경제학에 대해 들었다.

3. Hold your horses! Let's do it step by step.

해석 인내심을 가져! 단계별로 해보자.

4. That would probably be enough as it is, but hold your horses.

해석 그건 지금 상황에서는 충분하긴 하지만 생각을 좀 더 해보자.

5. Hold your horses. I only have to make one more phone call.

해석 좀 참아줘라, 전화 한 통화 해야 하거든.

6. We weren't expected that he won hands down.

해석 우리가 수월하게 이길 거라고는 기대하지 않았어.

7. If he keeps up his pace, he'll win hands down.

해석 그가 제 위치를 잘 지킨다면 수월하게 이길 거야.

STEP 38

hold the bag
책임 등을 덮어쓰다, 빈털터리가 되다

hold the bag
= if someone is responsible for
  something

책임 등을 덮어쓰다, 빈털터리가 되다.

horse of a different color
= it's a different matter or separate
  issue altogether

전혀 별개의 사항

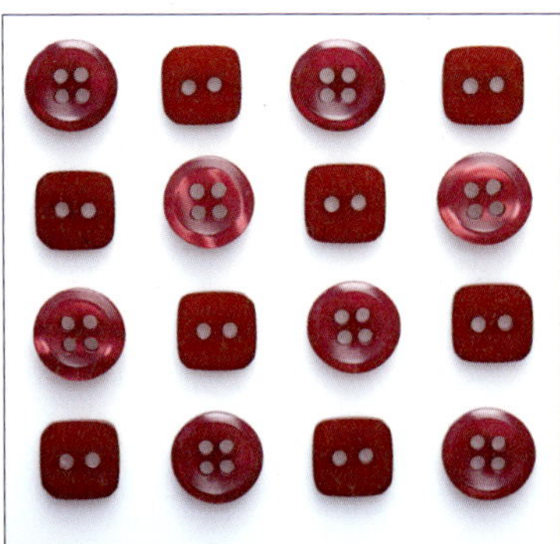

hot button
= a topic or issue that people feel
  very strongly about

뜨거운 쟁점

1. That's a different color of horse.

   해석 그건 별개의 문제야.

2. African-American women paid less for doing the same work as colleagues of a different color and gender.

   해석 아프리칸 아메리칸 여자들이 다른 피부와 성을 가진 동료로서 같은 일을 하고도 보수는 적다.

3. Race has always been a hot button in this country's history.

   해석 레이스는 항상 이 지역 역사에 있어서 뜨거운 쟁점이다.

4. The Internet real-name system is now becoming a national hot-button issue.

   해석 인터넷에서의 실명 사용 문제가 지금 국가적으로 뜨거운 쟁점이다.

5. Abortion is still one of the hot button issues of U.S. life.

   해석 낙태는 항상 미국인의 삶에서 뜨거운 쟁점 중의 하나이다.

STEP 39

hot ticket
인기 있는 사람

hot ticket
= something that is very much in
  demand at the moment

인기 있는 사람, 또는 그것

how do you like them apples
= express surprise or shock at
    something that has happened.
    It can also be used boast about
    something you have done.

어떻게 생각하니?

hit a snag
= to run into problem

뜻밖의 장애에 부딪히다, 생각지도 않은 문제
에 다다르다

1. This year, the hot tickets will include several movies already considered Oscar favorites.

해석 오스카상의 유력한 후보들이 몇몇 영화에 포함될 것이다.

2. How do you like them apples? Some parents believe university open days are like market stalls.

해석 어떻게 생각해? 어떤 부모들은 대학의 공개일이 마치 시장통 같다는데.

3. How do you like them apples?

Let's see you guys make a good album.

해석 어떻게 생각해? 좋은 앨범을 만들어 보자.

4. I stopped working on the roof when I hit a snag.

해석 나는 뜻밖의 문제에 부딪혀 지붕에서 일하는 것을 그만두었다.

5. A police clampdown on car thieves hit a snag when villains stole one of their cars.

해석 악당들이 경찰차를 훔쳐가는 바람에, 차 도둑에 대한 경찰들의 일제 단속이 문제에 부딪혔다.

STEP 40

icing on the cake
금상첨화

icing on the cake
= when you already have it good and
  get something on top of what you
  already have.

금상첨화

우리말에서 금상첨화는 비단 위에 꽃을 더한다는 말로, 좋은 일에 또 좋은 일이 더해지는 걸 뜻합니다. 비슷한 말이 'icing on the cake'입니다. icing이란 케이크 위에 얹는 장식용 크림인데요, 케이크는 음식 자체가 이미 달고 자극적인데 거기다가 icing을 얹으면 훨씬 더 맛있어 지겠죠?

idle hands are the devil's tools
= You are more likely to get in
  trouble if you have nothing to do.

손이 한가하면 머리가 나쁜 쪽으로 돌아간다는 의미입니다. 무엇인가 건설적인 일을 하지 않으면 자신을 망치기 쉬운 법이니까요.

in the bag
= To have something secured.

(성공, 당선 따위가)확실히 보증되어

1. Everything after that was just icing on the cake.

   해석 그 이후 모든 것들은 금상첨화였다.

2. Improvisation during the shoot is like the icing on the cake.

   해석 촬영하는 동안 즉석에서 말하는 것이 금상첨화였다.

3. If we win the next game, the championship is in the bag.

   해석 다음 경기에서 이긴다면 우승은 확실해.

4. His reelection is in the bag.

   해석 그의 재선은 확실해.

5. I have all the answers in the bag.

   해석 나는 확실한 해답을 갖고 있어.

STEP 41

in the buff
알몸의

in the buff
= Nude.

어느 화장품 브랜드의 제품명이 in the buff 더라구요. 한 듯 안 한 듯 자연스러운 화장을 만들어 준다는 의미로 이름을 지은 것 같은데… 같은 맥락입니다.

in the heat of the moment
= overwhelmed by what is
　happening in the moment.

우리말의 '순간 발끈하여'와 비슷한 의미라고
생각하시면 됩니다

in your face
= an aggressive and bold
　confrontation.

노골적인, 대담한

1. He came out of the bedroom in the buff.

   해석 그가 옷도 입지 않은 채로 침실에서 나왔다.

2. Tempers rise in the heat of the moment.

   해석 성질은 욱하는 순간에 상승한다.

3. In the heat of the moment she forgot what she wanted to say.

   해석 욱하는 순간 그녀는 하고 싶은 말을 잊어버렸다.

4. Their separation wasn't a knee-jerk reaction in the heat of the moment.

   해석 그들의 별거는 한순간 충동으로 발끈하여 일어난 것이 아니었다.

5. Ruin stares him in the face.

   해석 멸망이 그를 면전에서 응시했다.

STEP 42

it takes two to tango
손바닥도 마주쳐야 소리가 난다

it takes two to tango
= A two person conflict where both
  people are at fault.

- -

손바닥도 마주쳐야 소리가 난다는 우리나라 속담과 유사
합니다. 어떤 일이든 혼자서는 할 수 없고 같이하게 되면
책임도 같이 져야 한다는 의미입니다.

it's a small world
= you frequently see the same
  people in different places.

세상 좁으니 언제 어디서 누굴 만날지… 행
동거지 조심해야지.

jaywalk
= crossing the street(from the
  middle)
  without using the crosswalk.

무단횡단

1. That is an appalling thing to say, but we should not forget that it takes two to tango.

해석 그것은 말하기에도 소름 끼치는 일이긴 하지만, 우리는 둘이 힘을 합쳐 해야 한다는 것을 잊으면 안 된다.

2. It takes two to tango and so far our relationship has been one-sided.

해석 함께 힘을 합쳐 일해 왔지만 여태까지 우리의 관례는 한쪽으로 치우쳐져 있다.

3. It's a smaller world.

해석 세상은 좁다.

4. A police officer stopped her when she jaywalked across the street.

해석 경찰이 그녀를 무단횡단으로 멈춰 세웠다.

5. The couple are in the process of jaywalking.

해석 커플이 무단횡단 중이다.

6. If you get caught jaywalking , you'll be fined $20.

해석 니가 무단횡단으로 잡히면 벌림이 $20은 될 거야.

STEP 43

keep an eye on him
~을 계속 지켜보다

keep an eye on him
= you should carefully watch him.

~을 계속 지켜보다.

keep body and soul together
= to earn a sufficient amount of money in order to keep yourself alive.

목숨을 간신히 유지하다, 간신히 살아가다

중세 사람들은 재채기를 하면 영혼이 신체로부터 분리되어 나가 악마가 쉽게 몸에 들어올 수 있다고 믿었습니다. 재채기를 하는 동안에 'body'와 'soul'을 같이 유지하는 것은 어려우며, 이것을 해냈을 때는 어려운 고비를 넘긴 것으로 생각했답니다.

kick the bucket
= Die.

교수형이나 자살하려고 목 매달 때 양동이를 발로 차는 데서 유래했다고 생각하시면 됩니다.

1. Keep an eye on him while I check the glove compartment.

   해석 내가 사물함 검사하는 동안 그를 잘 감시해.

2. The police are keeping an eye on him.

   해석 경찰이 그를 감시하고 있다.

3. His wage is not enough to keep body and soul together.

   해석 그의 월급은 먹고살기에 충분치 않다.

4. I hardly have enough money to keep body and soul together.

   해석 나는 먹고 살 만큼 충분한 돈이 없다.

5. Keep your chin up even at desperate moments.

   해석 심지어 절망적인 순간에도 힘을 내.

6. Keep your shoulders back and chin up.

   해석 어깨 쫙 펴고 기운내.

7. The old woman finally kicked the bucket this year.

   해석 그 나이 든 여자가 마침내 올해 죽었다.

8. The soldier was shot and immediately kicked the bucket.

   해석 군인들이 총에 맞고 즉사했다.

STEP 44

knee jerk reaction
생각할 틈도 없이 바로 나타나는 행동

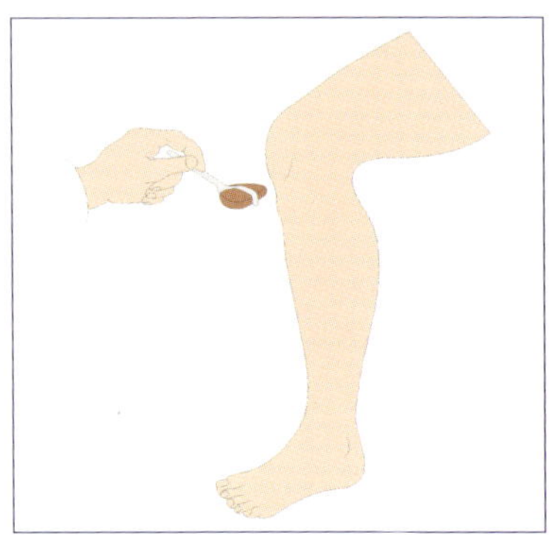

knee jerk reaction

= a quick and automatic response.

생각할 틈도 없이 바로 나타나는 행동

무릎 밑을 톡 쳤을때 자신의 의지와 상관없이 위로 jerk 하는 행동에서 유래된 말입니다.

knock on wood

= knuckle tapping on wood in order to avoid some bad luck.

행운을 빌어, 또는 행운이 왔을 때 행운이 지속되길 빈다는 의미입니다

know the ropes

= to understand the details.

업무나 일을 어떻게 처리하거나 처리되어야 하는지를 보여주다

과거에는 먼 바다를 항해 할 때 범선 sailing boat을 이용했습니다. 범선에는 돛도 여러 개이고 거기에 딸린 밧줄도 무척 많았는데 어느 밧줄로 어느 돛을 펴고 접는지를 알 정도로 익숙해지면, 비로소 know the ropes, '밧줄 다룰 줄 안다'고 뱃사람으로 인정을 받게 되는 것이지요.

1. But now that I said that, I should probably knock on wood!

> 해석 내가 말했기 때문에 부정 타지 말아야 한다.

2. I can't do the job because I don't know the ropes.

> 해석 일하는 방법을 몰라서 그 일 할 수 없어.

3. The moment she got to know the ropes, there was no stopping her.

> 해석 그녀가 방법을 안 순간 누구도 그녀 막을 수 없었다.

4. He's been around five of these performances, so he must know the ropes.

> 해석 그가 이러한 공연을 다섯 번 정도는 했었으니까 어떻게 하는지 잘 알고 있음에 틀림이 없어.

5. Last but not least, it is time to publish your essay.

> 해석 마지막으로, 그러나 역시 중요한, 너의 에세이를 출판할 때야.

STEP 45

like taking candy from a baby
식은 죽 먹기

like taking candy from a baby
= it is very easy to do

식은 죽 먹기

like white on rice
= do it very closely

매우 근접하게

lower than a snake's belly (in a well)
= they are of low moral standing
  because snake's belly is low

아주 비열한, 기분 나쁜

1. Making money is not taking candy from babies.

해석 돈 버는 일이 쉽지는 않지.

2. It's just taking candy from babies.

해석 그건 엄청 쉬운 일이야.

3. McCain ought to be on this like white on rice.

해석 멕키인은 이것도 비슷하게 해야만 한다.

4. Perhaps he was trying to say that the Government are lower than a snake's belly.

해석 그는 정부가 비열하다고 말하려고 했다.

5. His play was lower than a snake's belly.

해석 그의 행동은 비열했다.

STEP 46

lend me your ear
귀 좀 빌려줄래?

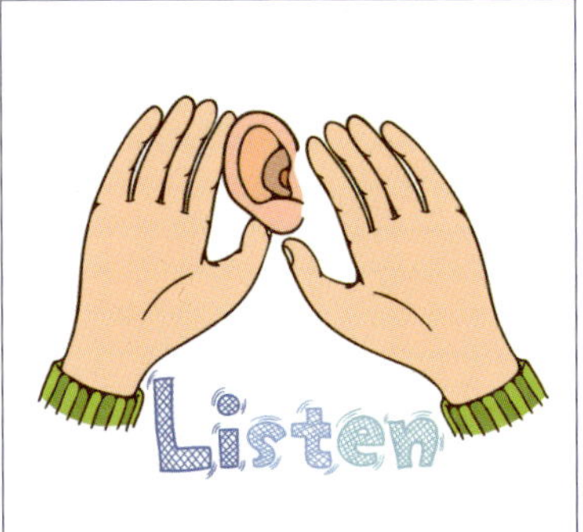

lend me your ear
= to politely ask for someone's full
  attention.

귀 좀 빌려줄래?

다른 사람에게 자신의 이야기를 들어달라고 부탁하거나,
고민하고 있는 문제에 대해 다른 사람의 충고나 의견이 필
요할 때 사용하는 표현입니다.

let bygones be bygones
= to forget about a disagreement or
  argument.

지난 일은 잊어라, 문제 삼지 마라

let sleeping dogs lie
= to avoid restarting a conflict.

잠자는 사자의 코털을 건드리지 마라

괜히 문제가 될 만한 이야기를 만들지 말라는 뜻입니다.
긁어 부스럼 만들다와 비슷한 속담이겠네요.

1. Please lend me your ears, cut your ears and give these dogs.

   해석 저에게 집중해주세요.

2. American taxpayers, lend me your ears, the banks need you more than you need them and they are desperate.

   해석 미국 납세자님들, 저에게 귀를 기울여 주세요. 은행은 그들이 어려울 때, 당신이 그들을 필요로 할 때보다, 당신을 필요로 합니다.

3. What is important is now, not then! Let bygones be bygones.

   해석 중요한 것은 지금이야, 그때가 아니고! 지나간 것은 잊어.

4. It is time to let bygones be bygones.

   해석 지난날은 잊을 때야.

5. Okay, Sally, let bygones be bygones. Let's forgive and forget.

   해석 알았어, 샐리. 지나간 일은 잊자. 서로 용서하고 잊어버리자고.

6. You'll never be able to reform Bill. Leave him alone. Let sleeping dogs lie.

   해석 너는 결코 법안을 개혁할 수 없을 거야, 그를 내버려둬, 잠자는 사자의 코털은 건들지 말자고.

7. Don't cause unnecessary trouble. or Let sleeping dog lie.

   해석 불필요한 문제 일으키지 마.

STEP 47

let the cat out of the bag
비밀을 폭로하다, 털어 놓다

let the cat out of the bag
= to share a secret that wasn't
  suppose to be shared.

비밀을 폭로하다, 무심코 말하다, 털어 놓다

믿거나 말거나, 옛날에 어떤 장사꾼이 살찐 고양이를 가방 속에 집어넣고 돼지라고 속여 팔려고 하다가 고양이가 가방 밖으로 나오는 바람에 들통나버렸다는 우화에서 유래되었다고 하네요.

level playing field
= a fair competition where no side
  has an advantage.

균등한 경쟁조건, 공평한 경쟁의 장

like a chicken with its head cut off
= to act in a frenzied manner.

목 없는 닭 생각해 보세요. 좀 잔인하기는 하지만 미친 듯이 뛰어다니겠죠? 정신없이 바쁘게 뛰어다니다, 미친 듯이 돌아다니다, 라는 의미입니다.

1. We are planning a surprise party for Jane. Don't let the cat out of the bag.

   해석 우리는 제인을 위해 서프라이즈 파티를 계획하고 있어. 말하면 안 돼.

2. When Bill glanced at the door, he let the cat out of the bag.

   해석 빌이 문을 쳐다봤을 때, 그는 비밀을 말해 주었다.

3. We believe that public and private sectors should be on a level playing field.

   해석 우리는 공/사적인 영역이 공평한 기회의 장이 되어야 한다고 믿는다.

4. We need to compete on a level playing field physically.

   해석 우리는 물리적으로 공평하게 경쟁할 필요가 있다.

5. American businessmen ask for a level playing field when they compete with foreign companies.

   해석 미국인 사업가들은 그들이 외국 회사와 경쟁할 때 공정한 경쟁 조건을 요구한다.

6. Jason runs around like a chicken with his head cut off whenever it rains.

   해석 제이슨은 비가 올 때마다 미쳐 날뛴다.

STEP 48

long in the tooth
나이 많은 사람

long in the tooth
= old people (or horses).

말은 나이가 들수록 이가 길어진다는군요. 그래서 말을 살 때는 말의 입 안을 자세히 살펴봐야 한다고 합니다.

loose cannon
= someone who is unpredictable and can cause damage if not kept in check.

고삐 풀린 망아지, 어디로 튈지 모를 행동을 하는 사람

대포는 고정되어 있어야 정확하게 조준하여 목표물을 맞출 수 있는데 느슨하게 풀려있다면 포가 어디로 날아갈지 아무도 예상을 못하겠죠.

method to my madness
= strange or crazy actions that appear meaningless but in the end are done for a good reason.

이상한 행동을 하는 그럴 만한 이유

햄릿이 아버지의 복수를 위해 일부러 미친 척을 하고 다니지요. 거기서 유래했습니다.

1. The donkey long in the tooth walked very slow.

해석 그 당나귀는 늙어서 걷는 게 느리다.

2. The problem is long in the tooth.

해석 문제는 오래되었다.

3. Even the most long-in-the-tooth supermarket analysts said they had

never seen anything like it.

해석 심지어 오래된 슈퍼마켓 분석가들도 그들이 그것을 좋아하지 않는다고 말했다.

4. Max is a loose cannon politically.

해석 맥스는 정치적으로는 고삐 풀린 망아지다.

5. There was no method to my madness.

해석 나만의 방식이 없어.

6. Clearly theres a method to Steve's madness, there always is.

해석 명백히, 스티븐만의 방식이 항상 있어.

7. Ivanov is nuts, but there may be a method to his madness.

해석 이바노프는 멍청이이기는 하지만 그만의 방식이 있을지도 몰라.

STEP 49

mom and pop
부부 경영의, 소규모의

mom and pop
= a mom and pop business is a small business, esp if it run by members of a family. It can used in a wider sense to mean that something is small scale.

부부 경영의, 소규모의

monday morning quarterback
= someone who with the benefit of hindsight, knows what should have been done in a situation

이미 일이 있고 난 후 뒤늦게 말하는 사람

more bang for your buck
= something that will give you more value than any other option.

본전 뽑고도 남는, 들인 시간과 노력에 비해 큰 효과나 가치

1. Mom and Pop Stores are dying out.

해석 소규모 사업들이 사라지고 있다.

2. With the arrival of supermarkets during the late 1950's and early 1960's, the mom and pop stores of his day were driven out of business.

해석 1950년대 후반, 1960년대 초반 슈퍼마켓을 시작으로 소규모 사업들이 폐업했다.

3. But he did defend his commanders, portraying criticism of their actions as Monday morning quarterbacking.

해석 그러나 그는 사건이 일어난 후 왈가왈부하는 그들의 행동에 대한 비난을 묘사하면서 그의 사령관을 옹호했다.

4. There's no reason to "Monday morning quarterback the decision"

해석 지난 일에 대해 얘기하는 것은 의미가 없어.

5. Some of the things we have to do are hard to explain, and easily Monday morning quarterbacked.

해석 우리가 해야만 하는 어떤 것들은 설명하기는 어렵지만 이미 지난 것들에 대해 무의미하게 하는 얘기들일 거야.

6. The key is identifying the risk factors and modifying your prenatal care, so you get more bang for your buck, he said.

해석 핵심은 위험 요소를 아는 것이고 산전건강 관리를 수정해서 더 많은 것을 얻는 것이야.

STEP 50

make no bones about

주저하지 않다. 개의치 않다

make no bones about
= to state a fact so there are no doubts or objections. make no bones about

주저하지 않다, 개의치 않다

1500년대 사람들 간에는 수프를 스푼으로 떠먹지 않고 그릇째로 마시는 습관이 있었는데, 이때 가끔 수프 속의 잔뼈가 목에 걸려 위험스러운 상황이 되기도 했답니다. 그래서 수프에 잔뼈가 없다는 말은 전혀 문제가 없다는 것을 의미하게 됐다는군요.

mum's the word
= to keep quiet. to say nothing.

여기서 mum이란 입 다물다라는 뜻으로, 두 입술을 꽉 다물 때의 소리를 흉내 낸 말입니다

never bite the hand that feeds you
= don't hurt anyone that helps you.

은혜를 저버리지 말아라, 도움을 준 사람을 배신하지 말아라, 모른 체하지 말아라.

우리 속담 토사구팽과 상통하는 표현이겠네요.

1. I made no bones about disliking him.

> 해석 나는 그를 싫어하는 것을 숨김 없이 말했다.

2. She made no bones about telling him exactly what she thought of him.

> 해석 그녀가 그에 대해 생각하고 있다고 숨김 없이 말했다.

3. Our retirement nest egg is already worth millions.

> 해석 우리의 퇴직금은 벌써 수백 달러는 돼.

4. You can begin to build your retirement nest egg.

> 해석 너는 퇴직금을 모으기 시작할 수 있어.

5. Don't bite the hand that feeds you.

> 해석 널 도와준 사람을 배신하면 안 돼.

STEP 51

not know beans about
〜에 대해 쥐뿔도 모르다

not know beans about
= they know nothing about it

〜에 대해 쥐뿔도 모르다, 조금도 모르다.

nip something in the bud
= to end something at an early stage

초기에 고치다, 미연에 방지하다.

no skin off my nose
= I don't care because it does not
  affect me

전혀 상관없다.

1. Whatever he knew about human nature, one thing he didn't know beans about was the natural world.

   해석 인간 본성에 대해 그가 무엇을 알고 있든, 그가 모르는 한 가지는 자연계이다.

2. She doesn't know beans about anything around here.

   해석 그녀는 이곳에 대해 아무것도 모른다.

3. One thing I learned is to nip something in the bud in the initial stages.

   해석 내가 배운 한 가지는 미연에 방지해야 한다는 것이다.

4. It would make sense for school teachers to nip in the bud any tendency of students to plagiarize.

   해석 학교 선생님들이 학생들의 표절을 초기에 고치는 것은 일리가 있다.

5. Bad habits should be corrected in the very beginning[nipped in the bud].

   해석 나쁜 습관은 일찍부터 고쳐야 한다.

6. If they choose to do so because of their xenophobia then that's no skin off my nose.

   해석 그들이 외국인 혐오증을 가진 사람들에게 그렇게 하기로 결정했다면 상관하지 않을 거야.

STEP 52

new kid on the block
새로 이사 온 아이

new kid on the block
= someone new to the group or
  area.

새로 이사 온 아이, 새 멤버, 어떤 영역의 새
로운 존재

new york minute
= a minute that seems to go by
  quickly, especially in a fast paced
  environment.

올슨 자매의 영화 제목이기도 했는데요, 말 그대로 바쁜
대도시의 일상을 보여주는 표현입니다.

no dice
= to not agree. to not accept a
  proposition.no deal, no way

"안 돼!"라는 의미입니다.

1. We have a new kid on the block in our department.

해석 우리부서에 새로 온 신입이 있어.

2. I'm the new kid on the block.

해석 나는 신입이야.

3. Despite his six years in politics, he was still regarded by many as the new kid on the block.

해석 그의 6년 동안의 정치 생활에도 불구하고 그는 여전히 신입으로 여겨진다.

4. I've tried my best to come up with something but no dice.

해석 나는 뭔가를 내놓으려고 애썼지만 방법이 없네.

5. If the Republicans were to say "no dice" the Democrats would think they have a campaign issue.

해석 민주당이 방법이 없다고 얘기한다면 민주당은 그들이 선거 이슈를 가지고 있다고 생각할 거야.

6. However, if you need help, no dice.

해석 도움이 필요할지라도 방법이 없네.

STEP 53

no room to swing a cat
좁은 공간

no room to swing a cat
= an unusually small or confined
  space.

좁은 공간

not playing with a full deck
= someone who lacks intelligence.

미치다, 정신이 나가다.

원래는 a full deck of cards에서 of cards가 생략된 문장이
죠. a deck of card는 카드 뭉치를 말하구요.

off on the wrong foot
= getting a bad start on a
  relationship or task.

무슨 일의 시작부터 일이 잘못 꼬여 계속 풀리지 않을 때
사용하는 표현입니다. 우리는 첫 단추가 잘못 끼워졌다고
하죠.

1. This house is not room to swing a cat.

해석 이 집은 너무 작아.

2. There isn't room to swing a cat, but drinkers revel in the intimacy.

해석 이 방은 너무 작아. 하지만 술 마시는 사람은 친목을 즐긴다.

3. In most modern student accommodation there's not enough room to swing a cat.

해석 대부분의 현대식 학생 기숙사는 공간이 비좁다.

4. He's a man who plays with a full deck.

해석 그는 이성적이야.

5. Whoever wrote this article, you are obvisiouly not working with a full deck.

해석 이 기사를 썼던 사람은 누구든지 간에 분명히 미쳤을 거야.

6. The project got off on the wrong foot.

해석 그 일은 처음부터 잘못됐어.

7. When I first met him, I got off on the wrong foot by spilling my drink over him.

해석 내가 그를 처음 만났을 때 그한테 술을 쏟는 바람에 처음부터 잘못되었지.

STEP 54

off the hook

책임과 의무를 할 필요가 없다

off the hook
= no longer have to deal with a
   tough situation.

off the hook는 책임과 의무를 할 필요가 없다는 뜻입니다. 우리말로 '봐주세요'라는 뜻이 됩니다. hook이 갈고리, 낚싯바늘이라는 뜻인데 그 고리, 즉 책임에서 벗어난다는 의미를 지니고 있습니다

off the record
= something said in confidence that
   the one speaking doesn't want
   attributed to him/her.

말하지 않기로 하고, 비공개적으로

on pins and needles
= anxious or nervous, especially in
   anticipation of something.

핀과 바늘 위에 있다고 표현할 정도로 마음이 편치 않을 때 사용하는 표현으로, 너무 걱정스럽거나 긴장돼서 안절부절못하거나 흥분될 때 사용되는 표현입니다.

1. I'll let you off the hook, but be careful next time.

> 해석 이번에는 봐줄게. 다음 번에 조심해.

2. Please let me off the hook for Saturday. I have other plans.

> 해석 토요일은 빼주면 안 될까. 나 다른 계획이 있는데.

3. The mayor spoke to the reporters off the record.

> 해석 시장은 비공식적으로 기자들에게 말했다.

4. This is off the record, but I disagree with the mayor on this matter.

> 해석 이것은 비공식적인 것이지만 나는 이 문제에 있어서 시장님과 의견이 다릅니다.

5. I felt like I was on pins and needles.

> 해석 너무 초조해.

6. He was waiting on pins and needles as the announcement of the results was delayed.

> 해석 연기됐던 결과 발표를 기다리는 동안 그는 초조해했어.

STEP 55

on the fence

나, 할지 말지 망설이고 있어

on the fence

= undecided.

나, 할지 말지 망설이고 있어

----

fence에서 오른쪽으로 갈지 왼쪽으로 갈지 저울질하면서
고민하고 있는 상태입니다.

on the same page

= when multiple people all agree on
  the same thing. we are all on the
  same page.

= we are in agreement.

= we see it the same way.

잘 통한다, 생각이 같다

out of the blue

= something that suddenly and
  unexpectedly occurs.

뜻밖에

1. He always sits on the fence.

해석 그는 항상 결정하지 못한 채야.

2. I am still on the fence about this.

해석 난 여전히 이것에 대해 결정 못 했는데.

3. I think that we're on the same page.

해석 우리는 같은 의견인 것 같은데.

4. I mean all the shareholders are on the same page.

해석 내 말은 모든 주주들이 같은 의견이라는 겁니다.

5. Visiting us is completely out of the blue.

해석 우리를 방문하는 것은 흔한 일이 아닌데.

6. The news came to me like a bolt out of the blue.

해석 그 뉴스는 난데없이 들려왔다.

STEP 56

on the wagon
금주하여

on the wagon
= not drinking alcohol

금주하여

on the loose
= free, not captured

탈주 중인

on the house
= something that is given away free
  by a merchant.

공짜로

1. Three friends of mine are on the wagon.

해석 내 친구 중에 세 명이 금주 중이다.

2. I have wholly given up drinking. or I have been strictly on the wagon.

해석 나는 금주 중이야.

3. The suspect was on the loose.

해석 용의자는 아직 탈주 중이야 / 체포되지 않았어.

4. Three prisoners are still on the loose.

해석 세 명이 죄수들은 여전히 잡히지 않고 있어.

5. Here are some potato chips on the house.

해석 감자칩은 오늘 주인장이 쏩니다.

6. This is on the house. or You can have this free.

해석 이거는 오늘 주인장이 쏘는 겁니다.

7. Don't worry about dessert! It's on the house.

해석 디저트 걱정은 하지 마, 주인장이 쏘는 거야.

STEP 57

on the go
끊임없이 활동하여, 계속 일하여

on the go
= busy

끊임없이 활동하여, 계속 일하여

off the top of one's head
= spontaneously, without thinking
  too much

즉석에서, 별생각 없이

off-color
= rude, vulgar

저속한, 음란한

1. He is full of dynamism, on the go all day long.

해석 그는 활력이 넘쳐, 하루 종일 일하네.

2. I cannot think of anything off the top of my head, Chairman.

해석 나는 언뜻 떠오르지가 않는데요, 의장님.

3. Or it might mean it is like a blue (off color) joke.

해석 아니면 그건 좀 저속한 농담 같은데.

4. He uses a lot of off-color language.

해석 그는 많은 저속한 언어를 사용한다.

5. I agree that the comments where off color and insulting.

해석 나는 그 논평이 저속하고 모욕적 이라는 것에 동의해.

STEP 58

pain in the neck
골칫덩어리

pain in the neck
= a problematic person or thing

골칫덩어리, 골칫거리, 문제

pass the time
= to do something to keep busy

시간을 보내다

pat on the back
= a sign of approval

격려나 칭찬하기

1. Commuting back and forth to Seoul is a pain in the neck.

해석 서울까지 출퇴근하는 건 정말이지 골치 아파.

2. Flying home for Christmas can be a real pain in the neck.

해석 크리스마스 때문에 집까지 날아가는 게 머리 아플 수도 있어.

3. That guy is a pain in the neck with his constant demands.

해석 그 남자는 항상 요구가 많아 골치 아파.

4. I often pass the time of day with my neighbor.

해석 나는 종종 이웃과 함께 시간을 보내곤 해.

5. We sang songs to pass the time.

해석 우리는 노래 부르면서 시간을 보냈다.

6. You deserve a pat on the back for all these arrangements.

해석 이 모든 걸 준비했으니 칭찬 받을 만해.

7. I just want to give you a pat on the back.

해석 나는 그저 격려해 주고 싶었을 뿐이야.

STEP 59

play something by ear
즉석에서 연주하다

play something by ear
= to improvise, to see how things go
   and make decision later

즉석에서 연주하다, 임시변통으로 하다

poker face
= a face with no expression

무표정한 얼굴

pressed for time
= in a hurry

시간에 쫓겨

1. If I could play by ear, I wouldn't have to take lessons-or practice!

   해석 귀로 듣고 연주할 수 있다면 레슨을 받을 필요도, 연습할 필요도 없겠네.

2. He was also a talented musician able to play by ear from a very early age.

   해석 그는 어려서부터 듣고 바로 연주할 수 있는, 능력 있는 음악가였어.

3. It helped that he has a keen understanding of politics, and a poker face.

   해석 그가 정치에 대한 날카로운 이해와 포커페이스를 가졌다는 게 도움이 되었지.

4. His poker face, has been their greatest public strength in the past.

   해석 그의 포커 페이스는 과거에 가장 강력한 그들의 힘이 되어왔다.

5. As we are pressed for time, I would like to omit that part.

   해석 우리가 시간에 쫓기니까 그 부분은 생략하는게 좋겠다.

6. Friend is pressed for time, so I shall be brief.

   해석 친구들이 시간에 쫓기니까 간단히 할게.

7. I was greatly pressed for time.

   해석 나 진짜 정신없이 바빠.

STEP 60

pull a fast on
속여 넘기다

pull a fast on
= to cheat or deceiving

속여 넘기다, 속임수로 이기다

put up a good fight
= to try very hard

선전하다

push one's luck
= to expect good fortune

운을 너무 믿고 덤비다, 과욕을 부려 일을 망
치다, 행운이 계속되기를 기대하다, 악운에서
계속 피할 수 있기를 기대하다

1. We have no intention whatever of trying to pull a fast one on anybody.

   해석 우리는 그것이 무엇이든지 간에 누구도 속일 의도는 없었다.

2. We saw how Spain pulled a fast one on the Government during the negotiations.

   해석 우리는 협상 기간 동안 스페인이 어떻게 정부를 기만하는지를 보았다.

3. The Korean team made[put up] a good fight against Brazil.

   해석 한국 팀은 브라질을 상대로 잘 싸웠다.

4. Although they put up a good fight, they lost.

   해석 비록 그들이 잘 싸워주기는 했지만 졌다.

5. The team put up a good fight but were finally beaten.

   해석 그 팀이 잘 싸워주기는 했지만 지고 말았어.

6. Pushing one's luck is in the nature of mankind.

   해석 행운이 계속되기를 바라는 건 인간의 본성이지.

STEP 61

over my dead body
내 눈에 흙이 들어가기 전에는 안 된다

over my dead body
= when you absolutely will not allow
  something to happen.

무엇을 하려면 나를 먼저 죽여야 한다는 의미입니다. 19세기부터 미국에서 사용되기 시작해습니다. 말처럼 살벌한 표현이라기보다 반대 의사를 적극적으로 표현할 때 사용한다고 생각하시면 되겠네요.

pass the buck
= avoid responsibility by giving it to
  someone else.

책임을 회피하다, 남을 대신 비난하다

The buck stops here 하면 반대의 의미입니다. 모든 책임은 내가 진다.

pig out :
to eat a lot and eat it quickly.

돼지처럼 먹는다

1. You'll marry him over my dead body.

해석 너는 내가 죽기 전에는 결혼 못 한다.

2. You can take my money over my dead body.

해석 나 죽고 나서 내 돈 가져갈 수 있어.

3. You smoke over my dead body.

해석 죽어도 담배 피우면 안 돼.

4. Some people try to pass the buck whenever they can.

해석 어떤 사람들은 언제나 책임을 전가하려 한다.

5. He tends to pass the buck when he makes a mistake.

해석 그는 실수했을 때 책임을 전가하는 경향이 있다.

6. The Minister must not pass the buck to another Minister or to his boss.

해석 그 장관은 다른 장관들이나 그의 상사에게 책임을 떠넘겨서는 안 된다.

7. Don't pig out like that.

해석 그렇게 돼지처럼 먹지 마.

8. I pigged out on soft ice cream at the Dairy Queen.

해석 나는 데일리 퀸에서 아이스크림을 돼지처럼 먹었어.

STEP 62

pig in a poke
충동구매

pig in a poke
= a deal that is made without first examining it.

여기서 poke는 자루를 말합니다. 물건을 보지도 않고 사는 것, 충동구매 정도로 이해하시면 되겠네요

practice makes perfect
= by constantly practicing, you will become better.

무엇을 하든 이 말을 잊지 않는다면, 성공으로 가는 ticket은 여러분의 것이 될 것입니다.

pipe down
= to shut-up or be quiet.

조용히 해

1890년경 사관생도들은 신입생들에게 "정숙(Pipe down)"이라고 명령하기 시작하였고 지금까지 이어지고 있답니다.

1. He bought a pig in a poke when he ordered a wedding ring by mail.

해석 그는 우편으로 결혼 반지를 주문하면서 생각 없이 샀다.

2. You never know. There could be a peeping Tom.

해석 너는 결코 몰라, 거기에 호색한이 있을 수도 있어.

3. As camera phones become more common, reports of peeping Toms are also rising.

해석 카메라 폰이 일반화되고 호색한들도 따라서 증가한다.

4. However, like everything else practice makes perfect.

해석 그러나, 모든 것이 그렇듯 연습이 완벽함을 만듭니다.

5. Just pipe down and behave yourself.

해석 좀 조용히 하고 똑바로 행동해라.

STEP 63

pull the plug
중단하다, 끝내다, 멈추다, 발을 빼다

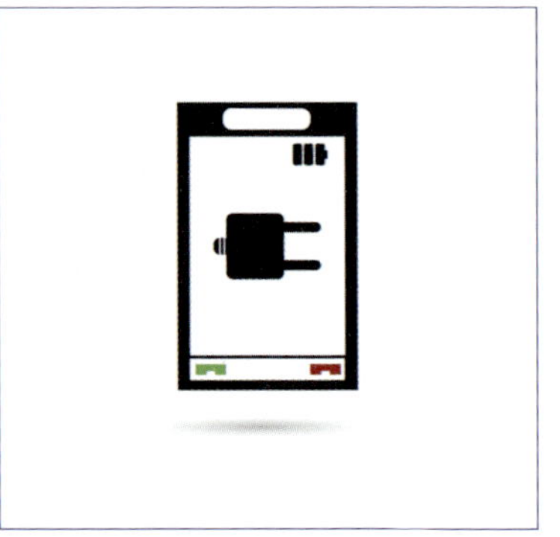

pull the plug
= to stop something.
  to bring something to an end.

"Pull the plug"는 전기제품에 연결된 선을 빼면 전기공급이 차단되어 멈추듯이, 어떤 일이나 프로젝트가 계속 진행될 수 없도록 지원을 중단하거나 중도에 그만둔다는 의미의 표현입니다. 주로, "중단하다", "끝내다", "그만두다", "멈추다", "발을 빼다" 등의 뜻으로 쓰입니다.

pulling your leg
= tricking someone as a joke.

흔히 "농담이야"라고 말할 때 joke를 연상하여 I'm joking. 또는 I'm kidding 이라고 표현하는데 비슷한 의미입니다.

put a sock in it
= to tell noisy person or a group to be quiet.

조용히 해

이 표현을 모르시면 "어? 양말을 집어 넣어?"라고 생각하실 수 있지만, 사실 이 표현은 "입에 양말 채워놓고 조용히 해, 입닥쳐!"라는 뜻입니다.
Shut up, put a lid on it, mum's the words도 같은 의미입니다.

1. The banks have the power to pull the plug on the project.

해석 은행은 그 작업을 멈출 힘을 가지고 있어.

2. That's true, but are you suggesting that we pull the plug on the campaign?

해석 사실이기는 하지만, 캠페인을 멈출 제안 있니?

3. The doctor pulled the plug on the patient.

해석 의사는 그 환자의 호흡기를 떼었다.

4. Of course I won't tell them; I was only pulling your leg.

해석 물론, 나는 그들에게 말하지 않을 거고. 농담이야.

5. I sometimes pull YOUR leg for this , when if truth be told , I am just as bad.

해석 나는 이걸로 놀리는 건데, 사실을 들어보자면 나는 나쁜 놈이지.

6. Meanwhile, Mills refuses to put a sock in it.

해석 반면에 밀은 조용히 하지 않았지.

7. My advice for the lawmaking class: Put a sock in it.

해석 입법 수업을 위한 나의 충고는, 조용히 해!

STEP 64

raining cats and dogs
폭우

raining cats and dogs

= a very loud and noisy rain storm.

믿거나 말거나 1500년대 옛집들은 나무가 아닌 두꺼운 지푸라기더미로 지붕을 만들었고 그곳은 여러 가지 작은 동물이나 벌레 등이 살았는데 비가 많이 오는 날은 그런 동물들이 미끄러져 지붕에서 떨어졌기 때문에 그런 표현이 생겨났다고 합니다.

rain check

= an offer or deal that is declined right now but willing to accept later.

I'll take a rain check은 초청 받았을 때 못 가는 경우에 하는 말로서 다음에는 꼭 가겠다는 의미를 가지고 있는 말입니다. rain check은 예전에 야구장 스타디움에 지붕이 없었을 때 기원했습니다. 만약 비가 오면 야구를 취소했어야 됐죠. 경기 티켓을 샀는데 비가 와서 경기가 취소됐으면 그 영수증(티켓)이 rain check가 되는 것이었습니다.

ring fencing

= separated usual judgement to guarantee protection, especially project funds.

울, 울타리; 제한, 속박 등을 말합니다

134

1. It is raining cats and dogs today.

   해석 비가 억수같이 오네.

2. I wouldn't go out right now. It's raining cats and dogs.

   해석 나 지금은 안 나갈 거야, 비가 억수같이 오잖아.

3. I'll take a rain check. I figure you'd like to be alone.

   해석 나는 다음에 갈게, 너는 혼자 있는 게 좋겠어.

4. Thanks for the invite, but could I take a rain check?

   해석 초대해줘서 고맙지만 다음에 가도 될까?

5. If I could take a rain check on that, I would be very grateful.

   해석 다음에 갈 수 있게 해준다면 고맙겠는데.

6. But they are 'ring fencing' foreign aid.

   해석 그것들은 외국 원조를 위한 제약이다.

7. We would not have needed a nuclear ring fence.

   해석 우리는 필요로 하는 핵제한을 가지고 있지 않다.

8. I think that ring fence will be very effective.

   해석 그 제약은 매우 효과적인 것 같아.

STEP 65

rack your brain
머리를 쥐어짜다

rack your brain
= to try very hard to think of something

머리를 쥐어짜다

rain or shine
= no matter what the weather is

비가 오든 날이 개든, 어떠한 사정일지라도,
어떤 일이 있어도, 꼭, 반드시

raise eyebrows
= to chock

사람들을 놀라게 하다

1. You rack your brains as to where you left it.

해석 그것을 어디에 두었는지 생각 좀 해봐.

2. Don't waste any more time racking your brain.

해석 머리 짜는 데 시간 낭비하지 마.

3. Rain or shine you still have to do your job.

해석 좋든 나쁘든 니 일을 해야만 해.

4. They were there from sun up to sunset in rain or shine.

해석 좋든 싫든 해떠서 질 때까지 그들은 거기에 있었다.

5. Yes, we have elections every four years, rain or shine.

해석 어떤 일이 있어도 4년마다 한 번씩 선거는 있습니다.

6. John caused eyebrows to raise when he married a poor girl.

해석 존은 가난한 여자와 결혼하면서 사람들을 놀라게 했다.

7. What you just said may raise some eyebrows, but it shouldn't make anyone really angry.

해석 당신이 말한 것은 놀라울지도 모르지만 어떤 누구도 화나게 해서는 안 된다.

STEP 66

red neck
(교육 수준이 낮은) 시골 사람

red neck
= generally refers to someone who has either bigoted or narrow-minded opinions. Often used in the context of people who live in small towns or in the country.

(모욕적으로 쓰여 교육 수준이 낮고 정치적으로 보수적인 미국의) 시골 사람. 노동자. 이 표현은 미국의 남부 지역에 사는 교육 수준이 낮은 농부들이 밭에서 일을 해서 햇빛을 받아 목이 빨갛게 변했다는 의미에서 유래했다고 하네요.

rest one's case
= it usually means that they feel that they just proved that they are correct

사건의 증언을 그만두다

ring in the new year
= to celebrate the beginning of the New Year at midnight on December

신년을 맞이하다

1. The father is apparently we are told a 'red neck' and 'unsuitable'.

해석 아버지가 보수노동자, 부적합하다는 것을 우리는 명백히 들었다.

2. Not all rednecks are the same.

해석 모든 보수자들이 똑같은 것은 아니다.

3. They resent being portrayed as rednecks.

해석 그들은 보수자들로 묘사되는 것에 분개한다.

4. Ring in the new year by saving up to 30 percent on bicycles, 40 percent on golf clubs, 50 percent on sports shoes!

해석 신년맞이 할인! 자전거 30%, 골프 클럽은 40%, 스포츠 신발은 50%까지!

5. We are planning a big party to ring in the new year.

해석 우리는 신년 맞이 성대한 파티를 계획하고 있다.

STEP 67

rob the cradle

훨씬 어린 사람과 교제하거나 결혼하다

rob the cradle
= to go out with or marry someone
  who is much younger than you are

자기보다 훨씬 어린 사람과 교제하거나 결혼
하다

rock the boat
= to disturb an otherwise stable
  situation

평지풍파를 일으키다

rip off
= a rip off is something that costs
  more than it should be

~에게 바가지를 씌우다.

- -

원래는 '벗겨 내다'라는 뜻인데요. 다른 사람을 벗겨 내어
이윤을 챙긴다는 것에서 이 표현이 탄생하였습니다.

1. A famous movie star recently robbed the cradle.

해석 한 유명한 영화 배우가 최근에 어린 여성과 결혼했다.

2. Robbing the cradle? Suddenly, older women are dating much younger men.

해석 젊은 여자와 결혼하는 거? 나이 든 여자들이 젊은 남자들과 데이트도 하는데.

3. She robbed the cradle when she married me.

해석 그녀는 나와 결혼할 때 어렸다.

4. She was told to keep her mouth shut and not rock the boat.

해석 그녀는 조용히 하고 문제를 일으키지 말라는 소리를 들었다.

5. If people rock the boat we all fall in.

해석 사람들이 문제를 일으키면 우리는 실패할 거야.

6. That is not a rip off.

해석 그건 바가지 요금이 아닌데요.

7. Premier League tickets are a rip off.

해석 프리미어 리그 티켓 가격은 엄청 비싸다.

STEP 68

ring a bell
들어 본 적이 있다

ring a bell
= to remind, vaguely recognize something

들어 본 적이 있다, 들어 보니 낯이 익다

risk one's neck
= to rick sometimes physical harm to accomplish something

위험에 몸을 노출시키다, 위험을 무릅쓰다

rub elbows with someone
= to associate with someone

유명인사 등과 접촉하다, 교제하다

1. His name doesn't ring a bell.

해석 그의 이름은 익숙하지 않은데.

2. The name rings a bell, but I can't place the face.

해석 그 이름은 어디선가 들어본 것 같지만 얼굴하고 일치가 안 되네.

3. The ultimate heroic act is to risk one's life for the greater good of humanity.

해석 궁극적인 영웅적 행동이라는 것은 인간미를 위해 목숨을 바칠 만큼 위험을 감수하는 것이다.

4. Do we really have to risk our neck to compete against Primart?

해석 프리마트 때문에 우리가 꼭 위험을 감수해야 할까?

5. You don't have to rub elbows with someone you disagree with.

해석 너는 니가 마음 맞지 않아 하는 사람과 교제할 필요는 없어.

6. It'll give you a chance to rub elbow with high-rankers.

해석 그것은 높은 지위에 있는 사람과 교제할 기회를 너에게 줄 거야.

7. He seems to especially enjoy rubbing elbows with regular folk.

해석 그 사람은 보통 사람들과 어울리는 것을 즐기는 것처럼 보이는데.

STEP 69

rome was not built in one day
시작은 미약하나 끝은 창대하리라

rome was not built In one day
= If you want something to be
   completely properly, then its going
   to take time.

시작은 미약하나 끝은 창대하리라. 천리길도 한걸음부터, 대기만성 등과 유사한 표현입니다. 무슨일을 하든 좋은 결과와 성공은 하루아침에 되는 것이 아니라는 의미입니다.

rule of thumb
= a rough estimate.

눈대중, 경험치

옛날에 목수가 물건을 측정할 때 자신의 엄지손가락을 썼다지요. 자와 달리 엄지손가락은 표준 단위가 아니지만 엄지손가락을 사용하는 것같이 경험에 바탕을 둔 방법도 무시할 수는 없다는 뜻입니다.

saved by the bell
= saved at the last possible
   moment.

복싱 경기에서 상대편의 우레와 같은 공격에 지쳐 궁지에 몰려 있는데, 어디선가 울리는 종소리가 순간을 모면하게 해준다면 더 이상 바랄 게 없겠지요.
위기상황에서 아주 운 좋게 상황을 모면하는 때에 사용합니다.

1. Don't be anxious about how fast you are learning. Rome wasn't built in a day.

   해석 니가 얼마나 빨리 배우게 될지에 대해서는 걱정하지 마. 로마도 하루아침에 이루어지지는 않았잖아.

2. She asked me why the report wasn't finished yet so I reminded her that Rome wasn't built in a day.

   해석 그녀는 왜 아직까지 보고서가 끝나지 않았는지 물었고 나는 그녀에게 뭐든 완성하기까지는 시간이 필요하다고 말했어.

3. By rule of thumb, you can expect a new battery to last about a year.

   해석 어림잡아 새로운 배터리는 1년 정도 지속될 것 같은데.

4. It's a basic rule of thumb that very rarely fails.

   해석 기본적인 경험치들은 거의 실패하는 법이 없다.

5. Try to spread out your schedule so you don't run out of steam.

   해석 여러분의 계획을 분산시키도록 해보세요, 여러분이 활력을 잃지 않도록.

6. They ran out of steam before the game was over.

   해석 그들은 게임이 끝나기도 전에 기력을 잃었다.

7. I was pleased that he was saved by the bell.

   해석 나는 간신히 위험에서 빠져나와 기뻤다.

STEP 70

scot-free

완전히 자유롭게

scot-free

= to escape and not have to pay.

완전히 자유롭게, 형벌 받지 않고

-----

scot은 중세시대 영주나 군주에게 지급하던 세금을 뜻한다

scapegoat

= someone else who takes the blame.

타인의 불행이나 문제에 대한 책임을 부당하게 짊어지는 개인이나 집단

이 용어는 인간의 원죄를 염소에게 전가하고, 인간의 죄를 짊어진 염소를 황야로 내쫓아 버리는 성경 속의 유태인 관습으로부터 나왔습니다.

1. Finally, I get off scot free from him.

   해석 마침내 나는 그의 죄를 면해 주었다.

2. Nevertheless, we should not let the media off scot free.

   해석 그럼에도 불구하고 우리는 그 방송에 죄를 물었다.

3. The man got off scot free and still lives with his daughter.

   해석 그는 죄를 사면받았고 여전히 그의 딸과 산다.

4. Apparently 'everyone' knows this, but he gets off scot free.

   해석 분명히 모두가 이것을 알고 있지만, 그는 사면받았다.

5. Last game, Christiano Ronaldo became England's Scapegoat.

   해석 마지막 게임에서 호날두는 영국의 희생양이 되었다.

6. Encouraging responsibility is not a search for scapegoats, it is a call to conscience.

   해석 책임을 불러일으킨다는 것은 희생을 요구하는 것이 아니라 의식을 요구하는 것이다.

STEP 71

sick as a dog
몹시 아픈

Sick As A Dog
= To be very sick (with the flu or a
  cold).

직역하면 '개같이 아픈'이지만, 매우 아프다는 뜻. 특히 배
가 아플 때 많이 쓰입니다. 이 표현은 다소 강조된 표현으
로 몹시 많이 아플 때, 사용합니다.

sitting shotgun
= Riding in the front passenger seat
  of a car.

조수석에 타는 경우 사용할 수 있는 표현입니
다. sitting 대신 riding으로 바꾸셔도 되구요.

sixth sense
= a paranormal sense that allows
  you to communicate with the dead.

육감, 직감

1999년 브루스 윌리스의 동명 영화가 아직도 기억에 생생
한데요, 마지막 반전은 정말이지…….

1. Sally was as sick as a dog and couldn't go to the party.

해석 샐리는 엄청 아파서 파티에 갈 수 없었다.

2. Forgive me but I'm sick as a dog over this.

해석 나를 용서해줘, 하지만 이것 때문에 엄청 아팠어.

3. I got sick as a dog when I drank some bad water.

해석 안 좋은 물을 마셨을 때 엄청 아팠어.

4. My sixth sense told me that it wasn't true.

해석 직감이 말하기를, 그건 사실이 아니었다.

5. My sixth sense told me to stay here and wait.

해석 직감적으로, 여기에 머물면서 기다렸다.

6. Jane's sixth sense demanded her to not trust Tom, even though he seemed honest enough.

해석 비록 탐이 정직한 것처럼 보일지라도, 제인의 본능이 탐을 믿지 말라고 요구했다.

STEP 72

sleep on something
하룻밤 자며 신중히 생각하다

sleep on something
= to think about something
   overnight

하룻밤 자며 신중히 생각하다, ~에 대해 하룻밤 생각하다, 하룻밤 신중하게 검토를 거듭하여 결정하다

stand up for something
= to fight for, support

~을 지지하다, 옹호하다, (결혼식에서) ~의 들러리를 서다

stir up trouble
= to cause trouble

문제를 일으키다

1. I will have to sleep on it some more.

> 해석 조금 더 생각해 볼게.

2. Let me sleep on it and get back to you tomorrow.

> 해석 좀 더 생각해 보고 내일 보자.

3. I'll sleep on it and give you my answer.

> 해석 좀 더 생각해 본 후에 대답해 줄게.

4. That means you've stood up for something, sometime in your life.

> 해석 그것은 당신이 뭔가를 지지할 때, 그 무언가는 당신의 인생 안에 있다는 것을 의미해.

5. She has stood up for something she believes in.

> 해석 그녀는 그녀가 믿는 것을 지지한다.

6. The news stirred up a great hornet's nest.

> 해석 그 소식은 벌집통을 쑤셔놓은 것처럼 문제를 만들었다.

7. Agitators who stir up divisions in a nation are dangerous.

> 해석 나라 안에서 문제를 만드는 선동가들은 위험하다.

STEP 73

suit yourself
마음대로 하세요

suit yourself
= have it your way, as you wish

마음대로 하세요

네가 무엇을 선택하든 난 상관없다는 무관심의 표현도 될 수 있다는 것을 명심하세요.

swallow something hook, line and sinker
= to believe something usually a lie completely

곧이곧대로 믿다

낚시를 하려면 hook(바늘), line(실), sinker(납으로 된 추)가 있어야 하는데요. 이것에 빗대어 거짓말에 속아서 곧이곧대로 믿다. 라는 의미가 되었습니다.

sucker
= a gullible person or someone who is easily impressed by something

잘 속는 사람, ～에 사족을 못 쓰는 사람

1. Suit yourself. It's your money, not mine.

해석 마음대로 해, 네 돈이잖아, 내 것이 아니라.

2. We're really busy at the moment. Suit yourself.

해석 우리 엄청 바쁘거든, 알아서 해.

3. Well, suit yourself, believe or not, they've done it.

해석 글쎄, 알아서 해, 믿든 말든 그들이 해왔던 거잖아.

4. You have swallowed, hook line and sinker, the idea that promoting the role of the British state is "socialist".

해석 너는 곧이곧대로 믿어 왔잖아, 영국 정부가 장려하는 역할은 '사회주의자'야.

5. He swallowed the stupid story hook, line and sinker.

해석 그는 곧이곧대로 믿었다.

6. I am a sucker for freebies.

해석 나는 공짜라면 사족을 못 쓰는데.

7. Do you think I'm some kind of naive sucker?

해석 너는 내가 순진해서 잘 넘어가는 사람 같니?

STEP 74

see the writing on the wall
불길한 징조를 알다

see the writing on the wall
= see that something is going to
  happen

불길한 징조를 알다, 무언가가 반드시 일어날
것으로 간주하다

바빌론의 마지막 왕이 방탕한 생활을 하고 있을 즈음, 어
느 연회 자리에서 몸통이 없는 사람이 나타나 벽에 글씨를
썼습니다. 그런데 나중에 알고 보니왕국이 망할 거라는 내
용이었다더군요. 성경에서 유래된 표현 중 하나입니다.

see eye to eye on something
= to have a similar opinion on
  something

남과 의견이 일치하다, (다른 사람이 보는 것
과) 똑같이 보다

second nature
= easy and natural

아주 간단한 일, 제2의 천성

누구에게나 간단하고 자연스러운 타고난 천성이 있는 반
면, 습득으로 만들어진 것들도 있습니다. 몸에 배어 아주
자연스러운 것을 말합니다.

1. If you don't improve your performance, they'll fire you. Can't you see the writing on the wall?

   해석 너의 업무력을 향상시키지 않으면 그들이 너를 해고할 거야. 불길한 징조가 안 보이니?

2. It is amazing that not one of them saw the writing on the wall.

   해석 그들 중 어떤 누구도 그 불길한 징조를 몰랐다니 놀라워.

3. He saw the writing on the wall.

   해석 그는 불길한 징조를 보았다.

4. They can't see eye to eye on too many issues.

   해석 그들은 많은 문제에 대해 합일점을 찾지 못했다.

5. We see eye to eye on the problems of British sport.

   해석 우리는 영국 스포츠 문제에 대해서 동의한다.

6. To the Germans, Italians and French it is second nature.

   해석 독일인들에게 이탈리어나 프랑스어는 간단하고 쉬운 것이다.

7. Driving a car has become second nature to her.

   해석 차를 운전하는 것은 그녀에게 간단한 일이야.

STEP 75

smell a rat
이상한 낌새를 채다

smell a rat
= to detect someone in the group is betraying the others.

이상한 낌새를 채다, 수상하다

동서양을 막론하고 '쥐'는 안 좋은 경우에만 등장하는 것 같습니다. rat은 여기서 mouse같이 작은 쥐가 아니라 시궁창에 사는 더럽고 큰 쥐를 말합니다.

smell something fishy
= detecting that something isn't right and there might be a reason for it.

smell a rat와 비슷한 표현으로 뭔가 수상하거나 의심되는 일이 있을 때 fishy라는 말도 씁니다

southpaw
= someone who is left-handed.

왼손잡이 투수를 사우스포(south paw)라고 부르게 된 유래는 초창기 야구장은 타석에서 볼 때 투수 마운드가 동쪽이 되도록 하는 것이 관례였습니다. 오후 경기에서 타자가 투수로부터 날아오는 공을 잘 보려면 해를 등져야 했기 때문입니다. 따라서 투수는 서쪽을 보게 되고, 그 경우 왼손잡이 투수의 손은 자연히 남쪽을 향하는 까닭에 사우스포라고 부르게 된 것입니다.

1. You'd better hurry up before they smell a rat.

해석 수상한 낌새를 알아채기 전에 서두르는 게 좋을 거야.

2. I can understand why you smelled a rat.

해석 나는 니가 왜 배신했는지 이해할 수 있어.

3. Not surprisingly, my constituents have smelt a rat.

해석 유권자들이 나를 배신했다는 게 놀랍지도 않아.

4. Didn't he smell a bit fishy? I find myself wondering about their marriage.

해석 그 사람 뭔가 냄새가 나지 않니? 나는 그들의 결혼에 대해 궁금해 하는 내 자신을 발견한다.

5. This report smells a bit fishy to me, given who it has come from.

해석 이 보고서는 뭔가 수상해. 누가 이 보고서를 가져온 거지?

6. Left-handers are also called "southpaws".

해석 왼손잡이 선수들을 southpaw라 부른다.

STEP 76

spitting image
똑같다

spitting image
= the exact likeness or kind.

똑같다, 꼭 닮았다

- -

spit은 침을 뱉다 라는 동사인데, 구두 닦을 때를 생각해보시면 구두 위에 침을 뱉어서 광을 내잖아요. 그 구두에 비추어진 내 보습은 마치 거울에 비춰진 내 모습과 똑같이 보이구요.

the ball is in your court
= it is your decision this time.

～에게로 공이 넘어가다, 일을 처리할 차례가 되다

- -

비슷한 표현으로 It's up to you, It depends on you가 있습니다.

1. He's an absolute spitting image of Carl.

해석 그는 칼하고 정말 똑같다.

2. Bryan says in some scenes, I'm the spitting image of Chris.

해석 브라이언이 말하길, 어떤 면에서 나는 크리스와 판박이래.

3. She is also the spitting image of her mum as a baby.

해석 그녀는 아기였을 때 그녀 엄마와 꼭 닮았어.

4. As far as I am concerned, the ball is in your court.

해석 내가 염려하는 한, 결정의 너에게 달려 있어.

5. If you want to go more, the ball is in your court, Castro.

해석 더 많이 가길 원한다면 결정은 너에게 달려 있어.

STEP 77

start from scratch
준비가 되지 않은 상태에서 시작하다

start from scratch
= to do it all over again from
　the beginning.

준비가 전혀 되어 있지 않은 상태에서, 혹은 준비를 많이
하지 못한 상태에서 시작하는 경우를 말합니다.

third times a charm
= after no success the first two
　times, the third try is a lucky one.

삼고초려라는 말이 있습니다. 인재를 맞아들이기 위하여
참을성 있게 노력한다는 뜻으로, 중국 삼국 시대에 촉한의
유비가 난양에 은거하고 있던 제갈공명을 만나기 위해 초
가집으로 세 번이나 찾아가서야 만날 수 있었다는 데서 유
래한 사자성어입니다. 그와 비슷한 표현입니다.

tie the knot
　=to get married.

tie a knot는 말 그대로 밧줄을 묶는다는 뜻이지만 a를 the
로 바꾸면 결혼한다는 의미가 됩니다.

1. I had no intention to start from scratch.

해석 준비 없이 시작할 의도는 없었는데.

2. A new arrangement could mean starting from scratch with another long learning period.

해석 새로운 준비는, 또 다른 긴 학급 시간을 위해 처음부터 다시 시작한다는 것을 의미할 수 있다.

3. We lost everything in the flood and had to start from scratch.

해석 우리는 홍수로 모든 것을 잃었고, 처음부터 다시 시작해야 해.

4. The security response to the bomb plot was the last straw.

해석 폭탄 테러 계획에 대한 보안당국의 대처에는 더 이상 참을 수 없다.

5. Now it's raining! That's the last straw. The picnic is canceled.

해석 지금 비가 오고 있네! 최후의 결정타야, 소풍은 취소될 거야.

6. It's pretty obvious, the third time is a charm.

해석 그건 분명히 세 번 만에 오는 기회일 거야.

7. They're going to tie the knot this fall.

해석 그들은 이번 가을에 결혼할 거야.

STEP 78

take it or leave it
받아들이느냐 거절하느냐

take it or leave it
= to accept it the way it is or to
   forget it

받아들이느냐 거절하느냐 양자택일의, 교섭
의 여지가 없는, 싫으면 그만두다

take its toll
= to cause damage

～에 손해를 끼치다

take something / someone for
granted
= to accept something / someone
   without gratitude as a matter of
   course

～을 당연시하다, ～의 진정한 가치를, ～이
고마운 줄을 모르다

1. You may take it or leave it at your pleasure.

   해석 취하든, 버리든 니 맘대로 해.

2. You have the option to take it or leave it.

   해석 취하든, 버리든 선택해야 해.

3. The future looks grim for the farmers as globalization takes its toll.

   해석 온난화가 가져다준 피해로 농부들의 미래는 우울해 보인다.

4. Political uncertainty has taken its toll on Turkey's attempts at economic stabilization.

   해석 정치적인 불확실성이 터키의 경제 안정화 정책에 위해를 끼쳤다.

5. Stress on the job may take its toll on your heart.

   해석 직업과 관련된 스트레스가 심장에 무리를 준 것 같다.

6. I take it for granted that he will come.

   해석 나는 그가 올 것이라는 걸 당연하게 생각하고 있었어.

7. It's a great way not to take someone for granted.

   해석 당연하게 생각하지 않는 것이 좋은 방법이다.

STEP 79

take something lying down
～을 달게 받다

take something lying down
= to endure something unpleasant
  without fighting back

～을 달게 받다

take something with a grain of salt
= not to take something that
    someone says too seriously

～을 에누리해서 듣다, 액면 그대로 받아들이
지 않다

take someone under one's wing
= to protect and teach someone

～를 보호하다, 보살피다

1. I'm not gonna take it lying down anymore.

    해석 나는 더 이상 참지 않을 거야.

2. Such atrocious crimes against people should not be taken lying down.

    해석 그런 사람을 대상으로 한 극악무도한 범죄는 받아들여져서는 안 된다.

3. Projections, however, have to be taken with a grain of salt because all of the uncertainties plaguing the economy.

    해석 경제를 괴롭히고 있는 모든 불확실성 때문에 예상은 감안해서 들어야만 한다.

4. Although everything should be taken with a grain of salt, newsgroups can nevertheless be extremely valuable.

    해석 비록 모든 것을 감안하고 받아들인다 할지라도, 뉴스 그룹은 가치 있을 수 있다

5. I'll take this with a grain of salt.

    해석 감안해서 받아들일게.

6. A beautiful or handsome individual is taken under the wing of society, despite the real person that may lurk below the skin.

    해석 잘생기고 예쁜 사람들은 수준 이하의 나쁜 짓을 해도 사회의 보호 아래 있다.

STEP 80

take the rap for something
~라는 누명을 쓰다

take the rap for something.
= to accept responsibility

~라는 누명을 쓰다.

rap에 벌을 받는다는 의미가 있습니다. 여기서 변형된 표현입니다.

throw someone for a loop
= to confuse or shock someone

~를 궁지에 빠뜨리다, 당황하게 하다

tighten one's belt
= to spend less money

허리띠를 졸라매다

1. It is possible for another person to take the rap for the perpetrator.

해석 다른 사람이 가해자의 죄를 뒤집어쓰는 것은 가능하다.

2. She was prepared to take the rap for the shoplifting, though it had been her sister's idea.

해석 그녀는 들치기에 대한 죄를 받을 준비가 되었다. 비록 그것이 동생의 생각이었다 할지라도.

3. I've just heard the news which was thrown for a loop from Jane.

해석 나는 다른 논평에 동의하고, 차라리 이러한 결과가 우리에게는 잘된 것 같다.

4. I thought I had heard everything, but this really threw me for a loop.

해석 나는 모든 것을 들었지만, 이것이 나를 궁지로 몰았다.

5. Consumers talked about tightening belts, but many carried on spending.

해석 소비자들은 허리띠를 졸라매야 한다고 얘기했지만 많은 사람들이 쇼핑을 한다.

6. Cut spending, tighten belts, stop borrowing, live within your means.

해석 쇼핑을 줄이고 허리띠를 졸라매고, 빌리는 것을 멈추고, 네가 버는 것으로 살아봐라.

STEP 81

till the cow come home
긴 시간

till the cows come home
= a long time.

서양에서는 '소' 하면 주로 목장에서 기르는 젖소를 가리킵니다. 이 소들은 이른 아침이면 목장에 나가 저녁 늦게까지 풀을 뜯고 밤이 되면 축사로 들어와 잠을 잡니다. 그러니 소를 키우는 목장 농부들은 긴긴 낮 시간 동안에는 별로 할 일이 없었다고 할 수 있죠.

tongue-in-cheek
= humor, not to be taken serious.

볼안에 혀를 넣어 빵빵하게 만들어 말하다.
농담조로, 우스개소리로

turn a blind eye
= refuse to acknowledge something
  you know is real or legit.

보고도 못 본 체하다, 눈감아 주다

168

1. You can question their motives till the cows come home.

   해석 너는 오랫동안 그들의 동기에 대해 질문할 수 있다.

2. She became upset because he was trying to steal her.

   해석 그녀는 그가 그녀의 공을 가로채자 화가 났다.

3. I do not want to steal the thunder of colleagues.

   해석 나는 동료의 공을 가로채고 싶지는 않다.

4. The paper's editor says it was a tongue in cheek statement on a serious topic.

   해석 그 논문의 편집자가 그것은 신중한 주제에 있어서 농담과 같은 거라고 말한다.

5. How can you turn a blind eye to all those starving children.

   해석 어떻게 그러한 굶주린 아이들을 모른 척할 수가 있어?

6. They turn a blind eye to this kind of practice.

   해석 그들은 이런 종류의 관습을 모른 척한다.

7. He appeared to be a bit under the weather yesterday.

   해석 그는 어제 약간 몸이 안 좋은 듯 보였다.

STEP 82

two time someone
바람을 피우다

two time someone
= to be in a relationship and to have
  another boyfriend or girl friend
  without telling your first one

배우자나 애인을 속이고 바람을 피우다, 동시
에 두 명을 만나다

under the table
= illegally

비밀리에

up for grabs
= available for anyone to try to get

관심 있는 사람은 누구나 가질 수 있는

1. I'll kill you if you ever two-time me again!

   해석 바람 피우면 나한테 죽는다.

2. Tom delivered over his property to his wife under the table.

   해석 탐은 비밀리에 그의 재산을 그의 부인에게 넘겼다.

3. Half of those are paid under the table.

   해석 그것들 중 절반이 불법으로 지불된다.

4. Payments were made under the table to avoid taxes.

   해석 지불은 세금을 면하기 위해서 불법으로 이루어졌다.

5. There is always a place up for grabs.

   해석 항상 기회는 있어.

6. This position is up for grabs.

   해석 이 자리는 누구나 경쟁해서 가질 수 있는 자리야.

STEP 83

up to one's neck in something
〜에 몰두하여

up to one's neck in something
= very much involved in something
  or to have a lot of something

〜에 몰두하여, 〜에 깊이 관여하여

use every trick in the book
= to use every method possible

가능한 한 모든 방법을 다 쓰다

vanish into thin air
= to disappear without leaving
  atrace

온데간데없이 사라지다

1. I'm always up to my neck in debt until bonus time.

   해석 나는 항상 보너스 때까지는 빚 때문에 힘들어.

2. These days, I am up to my neck in work and hardly have any time left myself.

   해석 요즘, 일 때문에 거의 혼자 있는 시간이 없어.

3. Companies are using every trick in the book to stay one step in front of their competitors.

   해석 회사들은 그들의 경쟁자들보다 한 발짝이라고도 먼저 가려고 모든 방법을 사용한다.

4. They used every trick in the book to win.

   해석 그들은 이기기 위해 가능한 모든 방법을 사용한다.

5. My money gets spent so fast. It seems to vanish into thin air.

   해석 내 돈을 너무 빨리 써버려서 흔적도 없이 사라진 것 같아.

6. The criminals have all vanished into thin air.

   해석 그 범죄자는 흔적도 없이 사라졌어.

STEP 84

Van gogh's ear for music
음치

Van gogh's ear for music
tone-deaf have an ear for music은 음악에
조예가 깊다는 뜻. 반 고흐에게는 그런 귀가
없으니 반대의 의미가 된다.

variety is The spice of life:
= the more experiences you try the
  more exciting life can be.

Variety is the spice of life. 여기서 Variety는 다양함. 갖가
지란 뜻이 있고 Spice는 양념이란 뜻이 있습니다. 즉, 다양
한 경험이 인생을 다채롭게 한다. 비슷한 말로 Differences
and changes make life enjoyable가 있습니다.

wag the dog
= a diversion away from something
  of greater importance.

'Wag the Dog'을 우리말로 하자면 '꼬리가 개의 몸통을 흔
든다'는 뜻으로, 하극상 혹은 주객전도의 경우를 이릅니다.
비슷한 말로 put the cart before a horse가 있습니다.

1. Mary reads all kinds of books. She says variety is the spice of life.

> 해석 매리는 온갖 종류의 책을 읽는다. 그녀는 다양성이 삶을 풍요하게 한다고 말한다.

2. The Franklins travel all over the world so they can learn how different people live. After all, variety is the spice of life.

> 해석 프랭클린은 세계 일주를 하고, 세상에 얼마나 다른 종류의 사람들이 사는지 알게 되었다. 결국 다양성이 삶을 풍요롭게 한다.

3. John was just hired yesterday, and today he's bossing everyone around. It's a case of the tail wagging the dog.

> 해석 존은 어제 고용되었는데 오늘 모든 사람에게 보스처럼 행동한다. 주객전도의 예지.

4. I can't change the past. It's water under the bridge.

> 해석 과거는 바꿀 수 없어, 그저 흘러가게 두어야지.

5. In reality the Iraq campaign is water under the bridge.

> 해석 현실에서 이라크 캠페인은 지나간 일이야.

6. What happened has happened and is water under the bridge.

> 해석 일어난 일들은 그저 지나가게 두자.

STEP 85

wait on someone hand and foot
손과 발이 되어 시중들다

wait on someone hand and foot
= to serve someone very well

손과 발이 되어 시중들다

wash one's hands of someone or something
= to end one's association with someone or something

관계를 끊다

waste one's breath
= to talk in vain

쓸데없는 말을 하다, 말해봐야 소용없다

1. They believe that it is possible to wash one's hands of these appalling practices.

해석 그들은 소름끼치게 하는 관습들에서 손을 떼는 것이 가능하다고 믿는다.

2. Exhortation and condemnation is wasted breath unless it is accompanied by action.

해석 행동이 수반되지 않은 훈계와 비난은 말해봤자야.

3. I'm not interested, so stop wasting your breath.

해석 나는 관심 없으니까, 쓸데없는 말 하는 것 좀 멈춰라.

4. She think it's waste her breath to tell him not to drink.

해석 그에게 술 먹지 말라고 얘기하는 것은 소용도 없는 일이야.

STEP 86

wear out one's welcome

너무 오래 묵어 미움을 사다

wear out one's welcome

= to stay too long

너무 오래 묵어 미움을 사다

wet blanket

= a person who ruin the situationt

흥을 깨는 사람, 분위기 망치는 사람

wild goose chase

= hopeless pursuit

부질없는 시도, 헛된 노력

현실성이 없거나 실현 가능성이 떨어지는 일을 누군가의
조언이나 잘못으로 하게 되는 경우에 사용합니다.

1. A long stay wears out one's welcome.

   해석 너무 오래 묵어·미움을 사다.

2. The man is wearing out his welcome.

   해석 그 남자는 너무 오래 묵어 미움을 샀어.

3. Suddenly, the meeting hall fell silent as though someone had poured cold water on[thrown a wet blanket over] the proceedings.

   해석 갑자기 그 회의실이 찬물을 끼얹은 것처럼 조용해졌어.

4. I hate to be a wet blanket, but I thought the show was terrible.

   해석 찬물 끼얹기는 싫지만 쇼는 정말이지 엉망이었어.

5. But good science requires some wild goose chases from time to time.

   해석 하지만 과학이 때때로 헛된 희망을 요구하기도 하지.

6. I'm not going on a wild goose chase to satisfy your curiosity.

   해석 나는 너의 호기심을 만족시키기 위해 헛된 희망을 쫓지는 않을 거야.

STEP 87

where the rubber meets the road
실력이 시험이 되는 장

where the rubber meets the road
= the most important point for something, the moment of truth

실력이 시험이 되는 장

whistling past the graveyard
= they try to remain cheerful in a difficult situation

무덤에서 휘파람 분다고 생각해 보세요. 무서운 기분을 조금이나마 달래보려는 행동으로 여러운 상황에서도 positive한 자세를 취한다는 표현입니다.

who wears the pants
= in a relationship is the dominant person who control things

누가 주도권을 잡을 것인가

20세기 초까지만 해도 여성들이 바지를 입지는 않았습니다. 그러다 여성들이 남성들의 전유물인 바지를 입기 시작하면서 생겨난 말입니다.

1. People gathered around where the rubber meets the road.

해석 사람들이 실력이 시험이 되는 장으로 모였다.

2. Talking about prognosis is where the rubber meets the road.

해석 예상에 대해 이야기하는 것은 시험 보는 것과 같아.

3. Whistling past the graveyard, as you only do, won't help.

해석 항상 니가 좋은 것만 보려고 하는 것은 도움이 안 돼.

4. I think stocks are whistling past the graveyard.

해석 주식은 헛된 꿈을 좇는 거야.

5. Who Wears the Pants in the Family? Everyone needs to find their true personality.

해석 가정 안에서 누가 주도권을 잡아? 모든 사람들은 그들의 진정한 인성을 발견할 필요가 있다.

6. The woman who lives next door often wears the pants.

해석 이웃집에 사는 여자는 남편을 꽉 잡았어.

STEP 88

wrench in the works

계획, 일의 진행을 방해하다

wrench in the works
= they ruin a plan

계획, 일의 진행을 방해하다

whistling dixie
= to talk about thing in a more positive way than the reality

무책임한 말을 하다, 낙관적인 공상에 빠지다

wedge politics
= one party uses an issue that they hope will divide members of a different party to create conflict and weaken it

wedge는 "쐐기", drive a wedge between은 "(문제 따위가 양자 사이를)이간질시키다"라는 뜻입니다. 상대편 정당의 분열을 유도하기 위한 목적으로 wedge issue를 던지기도 하는데, 이를 가리켜 wedge politics라고 합니다.

1. I don't want to throw a monkey wrench in the works, but have you checked your plans with a lawyer.

해석 난 일을 망치고 싶지 않지만 변호사와 함께 너의 계획을 점검해 볼게.

2. But regulators may throw a wrench in the works.

해석 그러나 담당자들이 일을 망칠지도 몰라.

3. Don't whistled Dixie, you know that.

해석 헛된 꿈이야, 너도 알잖아.

4. And they ain't just whistling Dixie.

해석 그리고 그들은 무책임한 말을 하지 않아.

5. It was cynical, it was wedge politics and it has backfired for the Government.

해석 냉소적이군. 정부에 역효과를 가져다주고, 의견을 분열시키다니.

6. John McCain is coming to the end of wedge politics?

해석 존 멕케인은 의견 분열을 끝낼 것이다.

STEP 89

wear your heart on your sleeve
감정을 드러내다

wear your heart on your sleeve
= to openly and freely express your emotions.

속마음을 내놓다, 감정을 드러내다

이 표현이 쓰인 예는 셰익스피어(Shakespeare)의 "오델로(Othello)"에서 볼 수 있습니다. 극중에서 Iago는 자신의 진면목을 숨기고 Othello의 믿음을 얻기 위해 한마디 합니다. "I will wear my heart upon my sleeve." 후에 Iago는 이 신뢰를 바탕으로 Othello를 파괴합니다.

when it rains, it pours
= since it rarely rains, when it does it will be a huge storm.

비가 오는 데 쏟아붓기까지 한다는 의미로 설상가상. 엎친 데 덮친 격이라는 뜻입니다. 반대말은 icing on the cake.

when pigs fly
= something that will never ever happen.

절대 일어나지 않을 일을 말할 때 쓰는데요, 같은 표현으로는 when hell freezes over이 있습니다.

1. Instead of pretending all's well, try wearing your heart on your sleeve.

해석 모든 게 잘되 가는 척하는 대신 솔직하게 이야기해 봐.

2. You don't have to wear your heart on your sleeve but at least hang onto that positive mindset and keep a sense of proportion.

해석 솔직하게 다 얘기할 필요는 없지만 최소한 긍정적인 사고방식과 균형 감각을 갖고 있어야 해.

3. The car won't start, the stairs broke, and the dog died. It never rains but it pours.

해석 차는 시동도 안 걸리지, 계단은 깨졌고, 개는 죽고 설상가상이야.

4. When would they be hired again? Perhaps, as the saying goes, when pigs fly.

해석 그들이 언제 다시 고용될까? 아마 불가능할걸?

5. Will it happen? When pigs fly perhaps.

해석 그게 일어날까? 불가능해.

STEP 90

you can't judge a book by its cover

겉보기로 판단해서는 안 된다

you can't judge a book by its cover
= decisions shouldn't be made
  primarily on appearance.

책의 표지를 보고 그 책을 판단할 수 없다는 뜻으로, 겉만 번지르하게 생겼다고 그 사람이 좋은 사람이라고 판단해서는 안 되고 반대로 외모가 떨어진다고 해서 그 사람이 나쁜 사람이라고 단정해서도 안 된다는 의미입니다.

you can't take it with you
= enjoy what you have and not what
  you don't have, since when you die
  you cannot take things (such as
  money) with you.

공수래공수거. 물질적 재산은 죽은 뒤에 아무 쓸모 없다는 뜻입니다.

your guess is as good as mine
= I have no idea.

니가 모르는 걸 내가 어떻게 알겠느냐

1. I felt a bit embarrassed about what I said, and it goes to show that you can't judge a book by its cover.

   해석 겉모습만 보고 판단 하는 게 아닌데 좀 부끄럽기는 하다.

2. They promote a culture of zero tolerance to bullying in the workplace.

   해석 그들은 직장 내에서의 왕따를 엄벌하기로 발표했다.

3. It is very sad because we all know you can't take it with you.

   해석 죽으면 다 소용없다는 걸 우리도 아는 게 슬프지.

4. Your guess is as good as mine as to when the train will arrive.

   해석 언제 기차가 도착할지 나도 모르는데.

memo

memo

memo